青春文庫

お茶の時間の１日１話

心のひと休み

植西 聰

青春出版社

はじめに

ここ数年で、生活様式ががらりと変わりました。

「街に出ると、疲れを感じやすくなった」

「寝ても疲れがとれなくなった」

「将来のことを考えると不安になる」

といった声をよく聞きます。


そんなとき、ほんのちょっとの「ひと休み」が効くのです。


「長期間の休みをとるのは、申し訳ない気がして苦手……」

という人でも、大丈夫です。

この本では、いつもがんばっている人が、がんばりすぎてギリギリのところに追いこまれる前に、ちょっと「ひと休み」するためのコツを紹介します。

電車が走っているところを想像してみてください。

電車はまっすぐに進み、線路の「分岐点」を通ることで、進行方向を変えます。

この本では、そんなふうに人生を明るいほうへと変える「スイッチ」となる方法を紹介します。

「人生が変わるなんて、ありえない」と思う人もいるかもしれません。

たしかに、魔法ではないので、この本に書かれたことをやってみればすぐに成功するとか、苦手な同僚が転勤になる、ということはないでしょう。

そうではなく、変わるのは自分自身のものの見方だったり、考え方のクセだったりします。

複雑にからみあっていて解決が難しそうな悩みも、ちょっとしたことがきっかけで前進することがあります。

この本を通じて「心のひと休み」をおこなう、もっとも適した時間は、「お茶の時間」です。

仕事や家事で疲れたときに、ハーブティーやコーヒーをいれたり、甘いものをちょっとつまんだりすることがあります。

そのようにして、疲れたらこの本を手にとって気軽にページをめくり、ひと息ついてほしいと思います。

すべてやってみるのが難しければ、できるところからでかまいませんし、ひとつずつとりくんでみても大丈夫です。

できれば、一度で終わらず、何度でもくりかえしてみてください。

そして、人生を自分で変えていく喜びを実感してほしいと思います。

植西 聰

目次

お茶の時間の1日1話　心のひと休み

はじめに……3

1章 心の疲れをとるコツ

1●疲れを見て見ぬふりしない……14
2●マイナス感情の正体を観察する……16
3●マイナス感情を捨てる……18
4●心のなかの土台を変える……20
5●今、元気であることに感謝する……22
6●気持ちを紙に書き出す……24
7●余計な情報をさえぎる……26
8●とりこし苦労をやめる……28

9・「急がば回れ」で環境を変えていく……30
10・やっかいなことは朝のうちに終える……32
11・人に親切にして、プラス感情を増やす……34
12・「とりあえず食べる・飲む」をやめる……36

2章 健康第一ですごす

13・心と体のつながりを意識する……40
14・昼寝で緊張をリセットする……42
15・深く眠れる環境をつくる……44
16・楽しみながら、軽く体を動かしてみる……46
17・休みの日だからこそ早起きしてみる……48
18・散歩に出かけて、幸せホルモンを増やす……50
19・念入りなストレッチで体をいたわる……52

20 自然のなかや美術館で元気をとりもどす……54
21 掃除をして心のモヤモヤを晴らす……56
22 気分転換に、光るものを磨く……58
23 好きなものに囲まれた部屋にする……60
24 居心地のいい場所へ出かけてみる……62

3章 この発想で気が軽くなる

25 楽観的に考えるクセをつける……66
26 「楽しくはたらく」をテーマにする……68
27 「それほど大きな問題ではない」と考える……70
28 「半年もたてば忘れている」と考える……72
29 あきらめることで前へ進む……74
30 知足の精神を知る……76

31●「これでOK」という基準を下げる……78
32●年齢のせいであきらめることをやめる……80
33●自分を受けとめてくれる友人に話してみる……82
34●悩みを乗り越えた「先輩」から元気をもらう……84
35●信頼できる人から自分の長所を教えてもらう……86

4章 みるみる元気がでる口ぐせ

36●「明日はきっといいことある！」と言って眠る……90
37●朝起きたら、「私は私が好き」と唱える……92
38●「何をほめられたら、うれしい？」と自問する……94
39●「お金がない」を口グセにしない……96
40●鏡のなかの自分に感謝の言葉を伝える……98
41●「私はどうしたい？」と心に問いかける……100

42 過去の「ネガティブな言葉」を引きずらない 102
43 「もう若くないから」と言わない 104
44 身に起きた「いいこと」を文字にする 106

5章 人づきあいで疲れをためない

45 自分と他人の領域を区別する 110
46 友達の数で自分の価値をはからない 112
47 「嫌われたくない」という思いを手放す 114
48 気乗りしない誘いは断る 116
49 セルフイメージを書き換える 118
50 仲よくなりたい人に思いきって声をかける 120
51 久しぶりに会いたい人を誘ってみる 122
52 苦手な人を意識しすぎない 124

53 先に、苦手な人への対処法を考えておく 126
54 他人にも自分にも感謝する練習をする 128

6章 自信がわいてくる習慣

55 欠点を長所に置き換える 132
56 「学習性無力感」の日常から抜け出す 134
57 「自信」に根拠を求めない 136
58 たまには「自分との約束」を優先する 138
59 平凡であることを不安に思わない 140
60 成果ではなく、過程をほめる 142
61 「これまでに夢中になれたこと」を思い出す 144
62 小さなエンジンを積みこむ 146
63 SNSの世界とは、適度に距離を置く 148

7章 人生をより楽しむために

64●「うまくいっている自分」をイメージしてみる……152
65●週末のうち、半日は予定を入れない……154
66●忙しいときこそ自分の行動を見直す……156
67●「気になること」をはじめる計画をたてる……158
68●かなえたい夢や目標に関する写真を集める……160
69●行ってみたい場所に、実際に行く予定をたてる……162
70●自分の人生の目的地を考えてみる……164
71●無理のない計画をたてる……166
72●予定をたてるときは余白を大事にする……168
73●大事な用事は、数日前までに準備しておく……170
74●事前のイメージングで成功をよびこむ……172

1章

心の疲れをとるコツ

1 疲れを見て見ぬふりしない

やらなければいけないことが多すぎる。
「落ち着いたらやろう」と思ううちに、先延ばしになっている。
朝起きたら疲れが残っていて、いつもすっきりしない。

こういった心当たりがある人は、かなり疲れている状態にあるといえます。
ハードな職場ではたらく人や、小さな子どもがいる人などと話すと、「朝起きてから寝るまで、分刻みのスケジュールに追われている」「お風呂に入っているときだけが、ホッとできる時間」というような人も少なくありません。

本当によくがんばっていると思います。

自分を犠牲にしてまで、会社や家族のために一生懸命にはたらく人もいます。

しかし、体が疲れていると、人は本来の能力を発揮できません。

そのため、仕事や家事の効率が落ちてしまいます。

また、頭もはたらきにくくなるため、やることがどんどんたまります。

その結果、ますます忙しくなって疲れるという悪循環に陥るのです。


こんな話をすると、「たしかに疲れていますが、仕事があるから仕方ないんです」と答える人がいます。

しかし、「仕方ない」と言った瞬間、人の頭は考えることをやめてしまいます。

何かの対策をとることが面倒に感じるくらいに、疲れているからです。

その状態を放置したままでは、今より状況がよくなることはありません。

まず、「自分は疲れている」と自覚することです。

そして「疲れていて当たり前」の毎日からの脱出を目指すことです。

毎日疲れている状態は、けっして当たり前じゃない

2 マイナス感情の正体を観察する

「最近、モヤモヤした気分がずっとつづいている」

「この先も、自分は幸せになれない気がする」

「クヨクヨして、何もやる気が起きない」

このような不安を抱く人たちには、共通点があります。

それは、心のなかがマイナス感情でいっぱいになっている、ということです。

マイナス感情とは、「不安」「怒り」「悲しさ」といった、気持ちが暗くなるような感情のことです。

つまり、「イライラする」「つらい」「嫌い」「つまらない」「運が悪い」「苦しい」「ダメ」といった感情はマイナス感情になります。

一方、「喜び」「感謝」「満足」など、気持ちが明るくなるような感情はプラス感情です。

日常生活では、こうしたプラス感情とマイナス感情が、つねに生まれています。

それが積み重なり、プラス感情が大きくなった人の心はプラスに傾きます。

反対に、マイナス感情が大きくなった人の心は、マイナスに傾くのです。

そして、心のなかにマイナス感情がたまっていると、人は自然とマイナス思考になります。

そのため、一度不安がわくと、「また失敗しそう」「私ってダメな人間」というふうに、次々とマイナスのほうに考えてしまうのです。

そういうときは「私はなぜこんなに疲れているの?」と、自分の心に問いかけることからはじめるとよいでしょう。

不安の正体をつかめば、マイナス思考をやめることができます。

不安が大きいのは、心を占めるマイナス感情のせい

3 マイナス感情を捨てる

「仕事でキャリアアップしたい」
「英語を話せるようになりたい」
「自分の好きなことをして、ストレスのない生活を送りたい」

こんな希望をもちながら毎日、一生懸命にがんばっても、現実はなかなか思いどおりにはならないものです。

自分の仕事をきちんとこなし、勉強や習いごとに精を出して、ファッションにも気を遣って、さまざまな努力をしているのに、あまり効果を感じられなくて心が疲れてきた……。

まさに今、そういう状況にある人もいるかもしれません。

このとき、心を占めるマイナス感情の割合が大きすぎて、プラス感情が入ってくるゆとりがないという状態です。

プラス感情がないわけではないのですが、マイナス感情のパワーのほうが勝るため、打ち消されてしまうのです。

毎日を笑顔ですごし、ポジティブに生きるスキルを学んでも、かえって心が疲れるのは、こういった理由からです。

ですから、心が疲れている人が真っ先にやるべきなのは、心のなかのマイナス感情を捨てることなのです。

前向きにがんばるのは、とても素敵なことです。しかし、心のなかのマイナス感情が多いときは、「こんなに努力しているのに、報われない」「がんばるだけムダ」と投げやりになることもあります。

そうなる前に、マイナス感情を吐き出すことが重要です。

がんばるよりも捨てるほうが先

4 心のなかの土台を変える

マイナス感情がたまると、悩みごとが増えたり、不幸なできごとに見舞われたりする可能性が高くなります。

たとえば、いじわるな同僚から「あなたって、年齢のわりに見た目は若いからいいよね」などと嫌味を言われたとします。

自分の気持ちが前向きなときなら、一時的にイヤな気分になったとしても「ああいう人だから、気にしないでおこう」と思い直して、しばらくすると忘れてしまうものです。

しかし、疲れているときに嫌味を言われたとしたら、どうでしょうか。

「もしかしたら私って嫌われている？」「友達からも同じように思われていたら、どうしよう」などとクヨクヨ考えて、さらに不安が大きくなってしまうかもしれません。

つまり、心にたまった感情がプラスかマイナスかによって、精神状態がまったく変わる、ということです。

しかも、プラス感情はプラスのできごとを、マイナス感情はマイナスのできごとを引き寄せる、という性質があります。

しかし、心が疲れている人がプラス感情を増やすことは、そう簡単なことではありません。

それよりも、心のなかの「不安」「不満」などのマイナス感情をリセットすることが先です。

心のなかのマイナス感情を減らすことが、人生を変える第一歩といえるのです。

不安や不満をリセット

5 今、元気であることに感謝する

年齢を重ねるにつれて、健康への不安が増えるものです。

健康や病気への不安は、大きく分けるとふたつあります。

ひとつは、病名がつくような具体的な病気を患《わずら》っている場合です。

「持病の症状がときどきひどくなる」「交通事故の後遺症が残ってしまった」といった自分ではどうしようもないケースは、医者のアドバイスを受けとめながら、穏やかな生活を心がけることが何よりも大切だと思います。

もうひとつは、見えない不安を抱えている場合です。

「友達が病気で入院した。私も病気になったらどうしよう」

「テレビの健康番組を観ていたら、自分は将来、大きな病気にかかりそうな気がした」

こういう場合、とくに病気を抱えていないのに心配して、心にマイナス感情を増やしています。

「いつか病気になるかも」という不安は、誰もが抱いたことがあるでしょう。

不安を解消するには「適度に運動をする」「菜食中心でバランスのとれた食事をする」「体調が悪いときは、きちんと休む」など、当たり前のことを実践していくしかないと思います。

世界のどこを探しても「これさえやれば、100歳まで健康でいられる」という答えはありません。

できるだけのことをやったら、心配しすぎないことです。

それよりも「今、元気であること」に感謝するほうがいいといえます。

悔いのないようにやりたいことをやるほうが、心にはプラスですし、人生の満足度も上がっていくと思います。

心配しすぎなければ、健康への不安が減っていく

6 気持ちを紙に書き出す

心のなかのマイナス感情を減らそうとしても、マイナス感情の正体がはっきりとわからない、という場合があります。

そういう場合は、なんとなく心配なこと、不安なこと、怖いこと、不愉快なこと、怒っていること、悲しいこと、心配なことなどを、一つひとつ紙に書き出してみるとよいでしょう。

こうすると悩みを客観的に見ることができるようになります。

誰にも見せるわけではないので、書き出すときには、気持ちをごまかさないで、正直に本当の感情を書くようにします。

そうしないと本当の悩みに触れられないからです。

私たちはふだん、生活を穏やかにすごすために、悪口を言ってはいけない、怒らないほうがいい、というように自分の気持ちをごまかして、見て見ぬふりをしています。その感情のフタを外してみると、予想以上の怒りや悲しみ、不安、いらだちなどが心の奥にあった、と気づいたりします。

ですから、その紙には、ネガティブな言葉がたくさん並ぶかもしれません。それを見ても、自分は性格が悪い、心が狭いなどと自分を否定する必要はありません。

代わりに、「私、大変だったね」「つらかったよね」「ムカついたよね」「腹が立つのは当然だよ」と受けとめてあげるのです。

人は、自分のマイナス感情を誰かに認めてもらえると、その感情が小さくなるという性質があります。

ですから、紙に書いて自分の感情をあぶり出し、自分自身に共感することで、マイナス感情が小さくなる効果が期待できるのです。

「つらかったね」と言われると、つらさが小さくなる

7 余計な情報をさえぎる

一日のうち多くの時間をパソコンやスマホの前ですごす人がいます。

仕事や趣味、調べごとなどのために数時間だけネットを使うことは、問題ありません。しかし、必要以上に使うと日常生活に支障をきたすことがあります。

「ネット依存症」という言葉もあります。医学的な定義はまだ定まっていませんが、インターネットがないとイライラしてほかのことが手につかなくなるなど、健康的な日常生活を送れなくなった状態をさします。ネット依存症専門のクリニックもあります。

体は、横になったりストレッチをしたりすると、休ませることができます。

しかし、脳は違います。新しい情報が入るたびに自動的に反応し、情報処理のためにさまざまな活動が起こるので、休むには意識的に情報を減らす必要があります。

週末はネットゲームをして楽しくすごしたけれど、月曜日は頭がすっきりしなくて疲れている気がする、という人は、脳の使いすぎといえるでしょう。

ですから、日曜日の午後はスマホの電源を切る、通知チェックは決めた時間だけにするなど、意識的に脳を休ませると、疲労が回復して思考がクリアになります。

「瞑想《めいそう》」も脳を休める効果があります。ウィスコンシン大学のリチャード・デビッドソンは、「瞑想をすると、脳は刺激やストレスとたたかうモードから、受容と満足のモードに切り替わる。瞑想の効果としてストレスの減少、免疫組織の強化などが指摘される」といいます。

また、瞑想中はアルファー波とよばれる脳波が多く出るため、悩みの解決法が見つかったり、よいアイディアがわいたりすることもあります。

週末は体だけでなく、脳も休息させる

8

とりこし苦労をやめる

「最善の生き方は、明日のことは考えないようにすることである」

これは、テレビアニメ「一休さん」のモデルになった僧侶、一休が残した言葉です。

「ある日突然、会社からリストラされたらどうしよう」

「病気になってはたらけなくなったらどうしよう」

このように先のことを考えていると、ネガティブなことばかりが頭に浮かんで不安になる、という人は多いと思います。

しかし今、経済的に恵まれた人でも、健康的に暮らす人でも、未来のことはわかりません。

ここで、一休の言葉の意味を考えてみましょう。

「明日のことは考えない」とは、未来がどうなるかはわからないから考えても仕方がない、ということです。

どんなに心配しても、先はわかりませんので、何か対策を打てるわけでもありません。

それならば、とりこし苦労はやめるのがいい生き方、というわけです。

不安になったら「先のことより、今に集中」ととらえることが効果的です。

未来は「今」がつづいた先にあるので、「今」ベストを尽くすことが、結果的に未来をよくすることにつながるからです。

ただし、最低限の備えは必要です。たとえば、地震に備えて非常食や水を用意することは大切ですし、将来のための貯金も最低限は必要でしょう。

したがって「最悪の状況に備え、かつ、楽観的に生きる」ことを心がけると、毎日の不安が小さくなると思います。

未来よりも今に集中する

9 「急がば回れ」で環境を変えていく

「長年、同じ不安に悩まされている」「心が疲れきってしまった」というときは、環境を変えることを視野に入れるのも、ひとつの方法です。

ただ、注意してほしいことがあります。

それは、「環境を変えたい」と思いたっても、すぐ行動に移すのはやめたほうがいい、ということです。

なぜなら、不安が大きいままで環境を変えると、「今いる場所から逃げ出したい」という気持ちが先走ってしまい、冷静に判断できなくなることが多いからです。

ある人は、「会社を辞めたい」と思い悩んできました。お給料が少なく、希望した部署への異動もかないそうにない、という理由からでした。

心が疲れているなか、彼はひっそりと転職活動をはじめたのです。すると、業務時間が短いわりに、給料が高い会社を見つけることができました。チャンスと思った彼は、会社を辞めて、転職することに成功しました。

しかし、入社してみると、思い描いていたイメージとは違い、人間関係がギスギスした職場だったのです。

彼は前の会社を辞めたいあまり、しっかりと転職先のことを調べていなかったのです。後悔しましたが、あとの祭りでした。

このように、マイナス感情を抱えたまま急いで環境を変えると、失敗することもある、と肝に銘じてほしいと思います。

環境を変えるなら、心がプラスになってから冷静に考え、実行したほうが得策です。

「完璧な環境にいる人なんていない」と心得る

10 やっかいなことは朝のうちに終える

ずっと先延ばしにしてきたこと。気がかりだけど、結局、手をつけないできてしまったこと。ふだん忘れたつもりでも、脳はそういったものごとに対して、つねにエネルギーを費やしています。

疲れやすくなりますし、ほかのことをするときの効率も落ちます。

ですから、そういった気がかりなことがあるなら、思いきって終わらせることが大切です。

朝はエネルギーがたっぷりあるため、決断力も行動力も、さえています。

ですから、朝のうちに「やること」を書き出して、サクサクと実行してしまえばいいと思います。

- 捨てようと思ってそのままになっていたものを、ゴミ置き場に運ぶ
- 中途半端になった習いごとをやめるメールを出す
- 謝りたかった相手にお詫びの手紙を送る
- 転職を考えているなら、転職エージェントに履歴書を送る
- 目に入るとイヤな気持ちになるSNSの投稿を、見えない設定にする

小さな行動でも、終わると気持ちがすっきりして、心にプラス感情が増えるのを感じます。

やっかいなこと、ちょっとしたことほど、つい後回しになってどんどんたまっていきます。しかし、ちょっとしたことならすぐに終えられるはずです。

やり残したことは今日中に終えるようにすると、明日を気持ちよくはじめられます。

「気力のムダ遣い」を避ける

11

人に親切にして、プラス感情を増やす

誰でも、人から感謝されると、うれしくなって心にプラス感情が増えます。

ですから、心にプラス感情を増やすために、人に親切にすることはとても効果があります。

人に何かを教える、職場で落ちこんでいる人を励ます、子どもの好きなおやつをつくるなど、人に喜ばれることはいろいろあると思います。

ここでのポイントは、「自分のおこなった親切なことは、すぐに忘れたほうがいい」ということです。相手から「ありがとう。助かった」と言われるだけで十分と考えるのです。

もっといえば、人助けができて「そういう私っていいな」と思えただけで十分なのです。

誰からも感謝されず、ほめられなかったとしても、よいことをすると、心にプラス感情が増えます。

逆に人から何かしてもらったら、ずっと覚えておき、次に会ったとき「あのときはありがとう」と伝えるようにすると、相手を喜ばせることができます。

「受けた恩は石に刻め　与えた恩は水に流せ」ということわざがあります。

「人にしてもらったことは、石に刻まれた文字のようにずっと忘れずに心にとどめておきなさい。反対に、人にしてあげたことは、水に流してすぐに忘れてしまいなさい」という意味です。

「親切にしたら感謝されたい」「感謝されないなら、親切にしないほうがまし」と思う人は、必要以上に無理をして人に優しくしているのかもしれません。

人に喜んでほしいからといって、ガマンしたり、自分を犠牲にしたりする必要はないのです。無理のない範囲で親切にすれば十分です。

無理のない範囲で人に優しくする

12

「とりあえず食べる・飲む」をやめる

ストレスがあると、甘いものを食べたくなります。

人はおなかがいっぱいになると、ホッとするという性質をもちます。甘いものはすぐに食べられて、比較的安くおなかをいっぱいにできるため、手っとり早くストレスを解消するのにぴったりなのです。

同じくジャンクフードは高脂質・高炭水化物の食べ物で、ストレス解消の効果があるといわれます。

具体的には、実験用の1匹のネズミが入っている檻《おり》に、初対面のネズミを入れると、初めて見るネズミへのストレスから、実験用のネズミの食事の量はふだんよりも増え、いつもより高脂質・高炭水化物のエサを食べたがる、という傾向が見られたそうです。

しかし、よく知られるように、甘いものやジャンクフードの多食は健康のためにはけっしてよいものとはいえません。

そのような食生活から抜けるには、ストレスを減らすと同時に、食事の内容を意識的に改善していくことが大切です。

基本は、腹八分にすることです。これを守るだけで、胃腸を休ませることができ、体重の増加も防げます。

アルコールも、飲みすぎているなら控えたほうがいいといえます。以前は、「酒は百薬の長」といわれていましたが、最新の研究では、健康という観点では、アルコールは飲まないのがいちばんいいという結果が出ています。

健康だと、精神的にも安定しやすくなります。

とりあえず食べる・飲む、という習慣を改めることで、気持ちよくすごせる時間が増えるはずです。

口に入れるものを丁寧に選ぶ

2章

健康第一ですごす

13

心と体のつながりを意識する

「病は気から」という言葉があります。

諸説ありますが、専門家のなかには、「病気の原因の9割以上は、心の問題から起こる」という人もいるようです。

実際、何かしら不安があり、その状態がつづくと、体調が優れなくなることがあります。

たとえば、職場でいじめにあったり、好きだった相手がほかの人と結婚したときなどは、精神的にショックを受けるばかりではなく、食欲がなくなったり、熱を出したりすることがあります。

最悪の場合は、体調不良がずっとつづいて、倒れてしまうこともあります。

心のなかの大量のマイナス感情が、体にまでマイナスの影響をもたらすのです。

心と体に深いつながりがあることは、はるか昔からわかっていたことですが、医学が進歩して、関係性を証明できるようになりました。

ですから、心が疲れているときや、不安がなかなか捨てられないときこそ、自分の体をチェックしてほしいと思います。

「このところ頭痛がつづいている」「耳が聴こえにくいときがある」「胃腸の調子が悪い」「朝起きたら、おなかが痛い」などの症状があるなら、健康に注意したほうがいいと思います。

また、「肩こりがひどい」「腰が痛い」などの症状があるなら、ストレッチやヨガなどの運動をやるだけで効果が出る場合もあります。

体と心はつながっているので、体の調子がよくなることで、心にもいい影響があります。

体の不調は早めに治す

14

昼寝で緊張をリセットする

不安を抱えているときは、心も体も緊張した状態です。

その緊張をやわらげるために、「昼寝」をしてみることをおすすめします。

「やることがあるのに、昼寝をするなんて時間がもったいない」「なまけているようで罪悪感がある」という人もいるかもしれません。

たしかに、やることがたくさんあるのが現代人というものです。

しかし、不安を捨てられないまま「やるべきこと」をやりつづけても、ストレスが解消されることはありません。

そんな状態を一時的にリセットするために、昼寝をするのです。

最近では、グーグルやアップル、マイクロソフトといった世界の一流企業も、仮眠スペースや快眠マシンを導入し、勤務時間内に仮眠をすることを推奨しています。

昼寝の長さは、10分から20分程度が、もっとも効果的だといわれます。

また、一説によると、昼寝は夜の睡眠より3倍の効果があり、昼寝を10分すれば、夜の睡眠で30分眠ったのと同じ効果が得られるともいわれます。

家にいる場合は、ベッドやイスなどのリラックスできる場所で目を閉じます。

完全に眠れなくてもかまいません。

目を閉じて、心身を休ませるだけでも十分に効果があります。

ただ、夜眠れなくなるので、あまり眠りすぎないことが大切です。

昼寝をすると、その時間だけは不安なことを考えずにすみますし、脳の疲労がとれて、起きたあとも気持ちがすっきりします。

静かに目を閉じると、不安もリセットされる

15 深く眠れる環境をつくる

厚生労働省が毎年おこなう健康調査によると、「睡眠が足りていないと感じる」「眠っても疲れがとれない」という人が増えているそうです。

はたらく人はとくに睡眠時間が短くなる傾向が強いそうです。

たしかに、現代人は毎日「しなければならないこと」に追われています。

「残業して家に帰ったあとに、軽く夕食を食べて、洗濯をして、明日のお弁当の準備をしていたら、夜中になっていた」

そんな毎日を送っている人もいるかもしれません。

本来、家事は後回しにしても、睡眠はきちんととったほうがいいのです。

なぜなら、人は睡眠不足になると、体の調子が悪くなると同時に、心にもマイナス感情が増えるからです。

とくに、「悩みごとがあって、寝られない」というケースは心配です。

これは、心と体は疲れているのに、睡眠は足りていないという状態なので、放っておくと、健康を害する可能性があり、注意が必要です。

不安を抱えているときほど、心も体もしっかりと休めることが大切です。

そのためには、夜にぐっすりと眠れるように工夫することをおすすめします。

- 寝る前にリラックスする音楽を聴く
- 寝室に携帯電話を持ちこまない
- 眠りやすい枕や布団に替えてみる

など、さまざまな方法があります。ぐっすり眠るだけで心がすっきりして不安が解消されることもあります。

ぐっすりと眠ることで、心と体の疲れが一気にとれる

16 楽しみながら、軽く体を動かしてみる

香織さん（仮名）は、お風呂上がりにストレッチをすることを習慣にしています。体がかたく、肩こりや腰痛に悩まされていたときに、友達からすすめられたのが理由です。

お風呂上がりは体が温まっていて、いつもよりも筋肉がのびやすくなっています。その状態でストレッチをすると、柔軟性もアップしやすいのです。

週末は時間にゆとりがあるので、動画をお手本にして念入りに全身をストレッチします。

ストレッチをはじめてからというもの、寝つきがよくなり、ストレスがたまりにくくなった、と感じているそうです。

このように、適度な運動は自律神経のはたらきをよくするため、心と体を軽くする効果があります。

体を動かすうえで押さえてほしいポイントは、自分が「疲れた」と感じる手前でやめておくことです。

ハードな運動は、やりきったあとに充実感がありますが、筋肉痛になったり体に痛みが走ったりすることがあります。

ふだんから運動に慣れている人ならいいのですが、ストレス解消がおもな目的という人は、がんばりすぎないほうがいいと思います。

軽い運動でほかにおすすめなのが、軽いヨガやピラティスなどです。いずれも空いた時間に自宅で気軽にできるものなので、興味がある人ははじめてみるといいと思います。軽いウォーキングや散歩でもかまいません。

自分が好きな運動をとりいれて、楽しくストレスを解消することが大切です。

簡単にできる運動を日常にとりいれる

17

休みの日だからこそ早起きしてみる

週末は目覚まし時計をかけずに昼まで寝ている、という人がいます。

疲れたら体力の回復のためにじゅうぶんな睡眠が必要ですから、たくさん寝ることは大切です。

しかし、疲れているわけでもないのに、つい習慣で昼すぎまで寝ているなら、時間の使い方を見直してみることをおすすめします。

朝は、一日でいちばん頭がすっきりしているため、何かに集中的にとりくむのに適しているといわれます。午後にやるよりも、朝やったほうが早く、うまくできる可能性が高いのです。

脳科学的に見ると、朝の脳の状態は、昼や夜にくらべてもっともさえていて、よくはたらくようです。

作家のアーネスト・ヘミングウェイは、前の晩にどんなに深酒しても、朝5時半ごろに起床していたといいます。

作曲家のモーツァルトや画家のジョージア・オキーフ、建築家のフランク・ロイド・ライトなども朝型で、早朝に仕事をすることを好んだといわれます。

アメリカの鉄鋼王といわれるアンドリュー・カーネギーは、「朝寝は時間の浪費である。これほど高価な出費はほかにない」という言葉を残しています。

とはいえ、朝起きても、すぐにはスイッチが入らないという人もいるでしょう。そういうタイプの人は、ベッドの上で首を回したり、背のびをしたりするといいでしょう。

体を動かすと、脳に血がめぐって、シャキッと起きられると思います。

平日の朝と違い、週末の朝はたっぷりと時間があります。

その時間を自分のために使うことで、人生が少しずつ変わっていきます。

週末は早く起きて、自分のために時間を使う

18 散歩に出かけて、幸せホルモンを増やす

早起きをすると、時間ができます。その時間で、何をすればいいでしょうか。午前中はだらだらすることが当たり前の人は、出かけることをおっくうに感じるかもしれません。

原始時代の人間にとっては、知らない場所に出かけたり、いつもと違う行動をとったりすることは、外敵に出会うなど、命にかかわる危ない行為でした。

そのため、当時の人は新しいことを本能的にいやがる傾向がありました。

しかし今では、外出したからといって命にかかわるような危険にあう可能性はほとんどありません。

それどころか、毎日、職場と家を往復するだけの人は、運動不足だったりストレスがたまったりして、そのほうが体にとってはマイナスです。

でも何をやればいいのかイメージがわかない、という人におすすめなのが、朝の散歩です。

散歩をして太陽の光を浴びると、幸せホルモンといわれるセロトニンが体内でつくられます。

幸せホルモンの出る行動をすることは、自分にハッピーな時間をプレゼントすることと同じです。

もし、芝生の広場や海や森林などが近くにあるなら、歩いてみると、ストレスが消えていくのを感じられるはずです。

また、10分以上の散歩は、脳へ心地よい刺激を与え、記憶機能が向上するという報告もあります。

このように、心にも脳にもいい散歩の習慣をとりいれてみるといいと思います。

天気のいい日の散歩で幸せになる

19
念入りなストレッチで体をいたわる

ストレッチをすることは、健康面にプラスの効果があります。

筋肉がやわらかくなると、ケガが減りますし、こり固まった場所をのばして血流をよくすると、とても気持ちがいいものです。

その証拠に近年、ストレッチ専門のトレーニングジムが、日本中で人気を集めています。

何か特別なマシンを使うわけでもなく、マットの上で、トレーナーの力を借りて体をのばすだけなのですが、リピーターが増えているそうです。

ストレッチのときに、自分の体のあちこちを触ることで、「ここが痛い」「ここが疲れている」など、体の状態を知る効果もあります。

ですから、毎日の生活に、習慣としてとりいれるのが理想的です。

それが難しい場合には、週末だけでも30分くらい、時間をつくってとりくむといいでしょう。

本来、健康は人生でいちばん大切なことであるはずです。

体を壊したら、趣味も楽しめませんし、好きなものを食べることもできません。夢を追うこともできません。

いちばんに優先しなければいけないことなのに、多くの人は、ないがしろにしてしまっています。

健康でいると、仕事もはかどりますし、気持ちにも余裕がもてるので、人間関係にもプラスになります。

ストレッチをしながら、自分の体に対して、「今週もがんばってくれてありがとう」「来週もよろしくね」と声をかけてあげると、体と一緒に心も安らぐと思います。

筋肉をのばすと心もほぐれる

20

自然のなかや美術館で元気をとりもどす

心のなかのプラス感情やマイナス感情は、まわりからも影響を受けます。

たとえば、海や山などの「自然」は、プラスのエネルギーを多く発散しています。

ダイビングや登山、キャンプなどのアウトドアのレジャーが人気なのは、人が本能的に自然を求めているからです。

それほど遠くに出かけなくても、プラスのエネルギーが多い場所はあちこちに見つかります。

たとえば高級ホテルのロビーや美術館などの多くは、よく清掃され、天井が高く、太陽光が入るなど、プラスのエネルギーが増えるよう調整されています。

また、神社は自然のエネルギーが満ちあふれているため、お参りに行くと元気が出るという人が多いのです。

毎日誠実に生きていても、思いどおりにならないことはどうしてもあります。そういうときは、こうしたプラスのエネルギーが多い場所に出かけると元気をとりもどせるので、行ってみることをおすすめします。

ひとつ注意したいのが、心があまりにもマイナスに傾いたときは、無意識のうちにプラスのエネルギーを避けて、マイナスのエネルギーに引き寄せられてしまうということです。

不健康な人がなぜか、健康的な自然食よりもジャンクフードやアルコールを好むのは、自分の心がマイナスの状態にあるためです。

ですから、プラスのエネルギーにあふれた場所に行くのがどうしてもつらいときは、先にマイナスのエネルギーを吐き出すことに努めたほうがいいといえます。

場所のエネルギーを分け与えてもらう

21

掃除をして心のモヤモヤを晴らす

占いや風水では、運気をよくするために掃除をすすめることがあります。なぜなら掃除には、その場にたまったマイナスの気をとりのぞく効果があるからです。

たしかに、掃除の行きとどいた清潔感のある場所にいると、それだけで気持ちがすっきりするものです。

美術館や美しいカフェ、高級ホテルのロビーにいると、心のモヤモヤがいつのまにか消えて、晴れやかな気持ちになります。

その理由のひとつは、ゴミや不要なものが何ひとつないように掃除されていることだと思います。

ここで、自分がすごした1週間をふりかえってみましょう。

「一生懸命に仕上げた仕事を、同僚からダメ出しされた」

「デートの約束をしていたのに、仕事のせいでキャンセルされた」

「通勤電車でトラブルに巻きこまれて、とても怖かった」

たとえばこのようなことが起きていたら、イライラや悲しみでストレスがたまっているはずです。

マイナス感情が心にたまったときは、キレイに掃除をすることをおすすめします。

デスクにものがあふれているなら、いるものは整理して、使わないものは処分します。仕上げにふき掃除をすれば完璧です。

同じように、リビングや寝室、台所、お風呂など、汚れが目立つ場所から掃除していけば、マイナス感情が減っていくと思います。

部屋を片づけると心のなかも片づく

22

気分転換に、光るものを磨く

なんとなく気持ちがモヤモヤするときに、簡単にできるおすすめの気分転換の方法を紹介します。

それは、部屋のなかの光るものを磨く、という方法です。

お掃除のプロの話によれば、蛇口《じゃぐち》や鏡、窓ガラスなど、銀色のものや透明のものを磨くと、キラキラと光を反射するため、部屋が一気に明るくなるそうです。

その考えにしたがうと、家じゅうをしっかり掃除する時間がないときは、光るところだけを磨いて、気分をすっきりさせるとよいと思います。

天井についた電灯の笠《かさ》や電球なども、サッとふくだけでパッと部屋が明るくなります。

ほかに、ちょっとの手間で気分を変えるには、観葉植物の葉っぱを水でふく、という方法があります。

葉っぱには意外と、白っぽいホコリがついています。そのため、水でふくと、葉っぱは深い緑色になり、部屋にはすがすがしい空気があふれます。

何かを磨いたりふいたりする作業は、簡単そうに見えますが、集中力がいるものです。

よそ見をすれば、ものにつまずいて転ぶかもしれませんし、掃除機を家具などにぶつけて傷つけてしまうかもしれません。

葉っぱをふくときも、注意深くやらないと葉っぱが破れてしまいます。

掃除中はそういった注意がはたらくことから、意識が集中して、ほかのことを考えなくなるのです。

ずっと考えごとをしていた人も、そこでいったん脳のスイッチが切り替わるのです。

身のまわりのものをキラキラさせる

23 好きなものに囲まれた部屋にする

いらないものを処分すると、スペースが生まれます。

そのスペースを、そのまま空けておくのもいいと思います。でも、少しさみしく感じるなら、自分の吟味したお気に入りのものを置いてもいいでしょう。

ポイントは「とりあえずこれでいいや」「安いから」という選び方ではなく、「これが欲しかった」「これを見ているとウキウキする」というものを選ぶことです。

そうやって、自分のいる場を「ここが好き」「この部屋にいるとウキウキする」と思える空間に変えていくのです。すると、その場にいるだけで心にプラスのエネルギーが増えて、ハッピーにすごせる時間が増えます。

カーテンやカーペットなどを好きな色に変えるだけでも、ガラリと雰囲気が変わるのでおすすめです。そのとき、色がもつパワーを借りるのもいいと思います。

色彩心理学では、次のような効果があるといわれます。

- 赤色……情熱的なエネルギー
- 青色……心を落ち着かせる
- 黄色……活気が出る力がある
- 緑色……休息効果がある
- オレンジ色……勇気や元気がわいてくる
- ピンク色……幸福感やリラックス

もっと簡単な方法は、文房具、スマホケースなど、毎日使うものやよく目に入るものに好きな色をとりいれることです。気持ちを明るくする効果が期待できます。

せっかくならお気に入りのものを選ぼう

24 居心地のいい場所へ出かけてみる

不安という心のゴミを捨てたくても、ただ家にいるだけでは、ゆううつな気分はなかなか抜けないものです。

そこでおすすめしたいのが、散歩をしながら居心地のいい場所へ出かけてみることです。

リラックスすることが目的のため、できればあまり遠くなく、疲れない程度の距離がいいでしょう。

綾子さん（仮名）は、何となく気分がすぐれないとき、週末に隣町の図書館へ出かけるそうです。その図書館は、たくさん本が置いてあるだけではなく、カフェや公園も併設された広いスペースがあります。

本を読みたいときは図書館ですごし、お茶を飲んでのんびりしたいときはカフェですごします。体を動かしたくなったら公園を歩けるので、いい気分転換ができるのです。

真知子さん（仮名）は、心のモヤモヤが消えないときは、自宅から30分の場所にある神社へお参りに行くそうです。その神社は大きなお祭りのときは人であふれていますが、ふだんはとても静かなので、ベンチに座ってゆったりすごせます。街中にあるのに緑がとても多いので、森にいるような気分が味わえるのも気に入っているそうです。

何か悩みを抱えているとき、「ここにいるだけで安らぐ」と思える場所に身を置くことで、不安は小さくなると思います。

近所に「安らげる場所」を見つける

3章

この発想で気が軽くなる

25 楽観的に考えるクセをつける

同じできごとがあったとしても、その反応は人それぞれです。

たとえば、相手の不注意で交通事故にあい、足を捻挫《ねんざ》をした場合、「どうして私が、こんな目にあうの？」と落ちこむ人もいれば、「頭だったらよくなかった。足の捻挫ですんで、本当にラッキーだった」という人もいるのです。

これは、その人が悲観的に考えるクセをもっているか、楽観的に考えるクセをもっているかの違いです。

どちらのほうが、心にプラス感情が増えやすいかといえば、楽観的な人です。

楽観的な人は、何かあっても「これくらいの失敗でよかった」ととらえるため、自分を責めることが少ないのです。

「自分は楽観的に考えられない」という人も、心配はいりません。

悲観的に考えるクセは、大人になってからでも変えていけるからです。

やり方は、まず「自分は悲観的に考える傾向が強い」という自覚をもつことです。

そして、悲観的な考えをしたら「これは私のクセで、悲観的に感じるだけだ」と受けとめたあとで、「いい面もあるはずだから、探してみよう」と頭を切り替えるのです。

そして、「今日は雨降りでブルーだったけれど、庭の緑がイキイキしているから、雨が降ってよかった」というふうに、いいところを見つけていけばいいのです。

楽観的に考えるクセがつくと、毎日が楽しくなって、そういう自分の人生のことも好きになっていけます。

イヤなことの裏側にある、いいことを見つける

26 「楽しくはたらく」をテーマにする

「上司と相性が悪く、コミュニケーションがうまくいかない」

「社歴は長いのに、いまだに雑用ばかり頼まれる」

「お客さんが無茶な要求をしてくるので、ストレスがどんどんたまる」

はたらく人にとって、このような悩みは尽きないものです。

そして、悩んでばかりの状態がつづくと、「自分はこの仕事に向かないかもしれない」という不安や、「厳しい上司が憎い」といううらみ、「そもそも、なぜ私が苦しい目にあわないといけないのだろう?」という原因探しで、頭がいっぱいになるものです。

こうなると、仕事への情熱を失ったり、余計にミスが増えたりして、悪い影響が出てしまう可能性が高くなります。

人は、心が疲れると、悩みが深くなるばかりではなく、迷うことも多くなります。

こういう場合は「楽しくはたらくには、どうすればいい?」と意識を変えてみることをおすすめします。

悩んだり、誰かをうらんだり、原因を探ったりしても、状況は変わらないからです。

一方、「楽しくはたらく」をテーマにすると、「今日一日、うまくいったら好きなスイーツを食べよう」「上司との次の面談で、異動を願い出てみよう」など、具体的なアイディアが浮かんでくると思います。

何もうまくいかないなら、自分にあった別の仕事があるのかもしれません。

ずるずると消耗するだけの毎日を、そのままにしないことが大切です。

悩むより「楽しく」のほうが解決策は見つかる

27 「それほど大きな問題ではない」と考える

「明日は台風が上陸するので、天気が荒れるらしい。大事な用事があるけど無事に行けるだろうか？」

「しばらく会っていない友達にメールを送ったけど、まだ返信がない。きちんと読んでもらえているのだろうか？」

こんなふうに、心のなかに不安がふくらむことがあると思います。

そんなときは、ひと息ついて、自分にこう問いかけてみるとよいのです。

「これは、そんなに不安に思うような大事なことだろうか？」

すると、「あらためて考えてみると、それほど大きな問題でもない」と気づくことが多いと思います。

不安を抱えやすい人は、ひとつの問題を大きくとらえすぎる傾向があるのです。

ですから、「気にしすぎなのかもしれない」と考えてみることをおすすめします。

それでも気になる人は、最悪のケースを想定してみるといいでしょう。

「台風で電車が止まったとしても、それはやむを得ない理由だから、相手も理解してくれるだろう。そもそも、今回のミーティングは延期しても、とくに仕事に支障はないから、念のため、延期を提案してみようか?」

「友達からメールの返信がないのは単に忘れているからかもしれない。ちょっとさみしいけれど、とくに困ることはないから気にしないでおこう」

そんなふうに考えれば、不安は小さくなると思います。

「困難を予期するな。けっして起こらないかも知れぬことに心を悩ますな。つねに心に太陽をもて」(ベンジャミン・フランクリン)という言葉もあります。

不安はその人の受けとめ方次第で、大きくも小さくもなるのです。

小さな不安を大きくとらえすぎないようにする

28

「半年もたてば忘れている」と考える

不安を捨てる方法がだんだん身についてくると、「今まで、なぜ悩み苦しんできたんだろう?」と思うかもしれません。

しかし、なかには「どうしても捨てられない不安が、心の奥底に残っている」と苦しくなる人もいるはずです。

そういう場合は、「不安を捨てなければ」と思いつめる必要はありません。

心のなかからマイナス感情が消えないことに焦ると、さらにマイナス感情が増える、という悪循環に陥ってしまいます。

その場合は、「半年もたてば忘れるだろう」と考えるほうが、精神的にラクになります。

人間は、もともと忘れっぽい生き物です。

たとえば、「3年前に抱えていた不安を思い出してみてください」と質問されたら、きちんと答えられる人はそれほどいないはずです。

「就職活動をしていたけど、なかなか内定がもらえずに不安だった」

「仲がよかった友達が遠くに引っ越して、さびしかった」

じっくり考えてみると、こんなふうに思い出すこともあるでしょう。

しかし、そのときの感情まではっきりと覚えていることは、ほとんどの場合ないのではないでしょうか。

当時はたしかに不安で押しつぶされそうだったとしても、日常生活が忙しかったり、新しいできごとが起こったりするなかで、そのときの感情は自然に消えていきます。

どんな不安も永遠にはつづきません。大きなマイナス感情も、時間がたてば小さくなるので安心してほしいと思います。

どんな不安も時間がたてば自然に消えていく

29 あきらめることで前へ進む

多くの人が、同じことでずっと悩むのは、「悩み抜けば、問題は解決するはず」という気持ちがあるからです。

しかし、「すべての悩みに解決策がある」という考えは、残念ながら、絶対に正しいとも言いきれないのです。

良子さん（仮名）は、5年前に別れた恋人のことが忘れられませんでした。

相手は良子さんと別れたあと、仕事のため海外に移住しました。

そのあいだも、ひとりの友人として連絡をとりあっていましたが、内心は「できれば復縁して、彼のもとへ行きたい」と考えていたのです。

しかし、彼にその気はなく、状況は変わりませんでした。

良子さんは、5年間にまわりの友人が次々と結婚していくのを見て、「どうして私だけ幸せになれないのだろう」と、落ちこむ日々でした。

そんなある日、親戚の叔母さんから「お見合いしてみない？」と声をかけられたのです。

最初は迷いましたが、「先が見えない恋はあきらめよう」と決意し、お見合いを受けてみることにしました。

すると驚いたことに、心がグンと軽くなったのです。

それまでのモヤモヤしていた気持ちが消え、「どんな人と出会えるか楽しみ」とワクワクした気持ちでいっぱいになりました。

「あきらめる」とは、ネガティブな行為に思われがちです。

しかし、「悩んでも仕方がない」と理解すれば不安が消え、前へ進めることもあるのです。

悩みに区切りをつけると、ストレスが減る

30 知足の精神を知る

自分を好きになれない理由は、「自分の置かれた環境」に満足していないから、という人もいるようです。

「同級生はみんな一流企業に勤めているのに、私は中小企業に勤めて給料が少ない。情けない。きっと同級生は私を下に見ているだろう」

「まわりはみんな結婚したのに、私は恋人さえいない。もっと美人に生まれればよかったのに」という具合です。

ナポレオンとヘレン・ケラーのこんな話があります。

ナポレオンは、あらゆる贅沢《ぜいたく》をしてきたといわれますが、亡くなる直前、「私の生涯で幸福な日は6日となかった」と言ったそうです。

その一方、ヘレン・ケラーは、目も耳も不自由ながら、世界中を旅して、体の不自由な人を励まし、生きることの意味を説きました。みんなから感謝され、最後まで明るく幸せな人生をまっとうしたといわれます。

ふたりの話は、人の幸せは自分が置かれた環境や、手に入れたものとは関係ない、ということを教えてくれます。

ヘレン・ケラーは、目が見えなくても、耳が聞こえなくても、命があることに満足していたため、幸せに暮らしました。

しかし、多くの人はナポレオンのように、名誉、地位、財産を求めたがるものです。

何かが欲しいという欲求は、尽きることがありません。ないものではなく、生きていることに目を向けることで、自分の近くにある幸せに気づけるのです。

ないものではなく、あるものに目を向ける

31 「これでOK」という基準を下げる

完璧主義の人は、他人に厳しいだけでなく、自分にも厳しいため、自分を好きになることが難しいケースが多いようです。

たとえば、健康診断の結果で太りすぎだったので、「万歩計をつけて、必ず1日に1万歩を歩くようにしよう」と決めたとします。

こういうとき、完璧主義の人は、その目標を100パーセント守ることを目指します。

しかし、風邪ぎみの日もあれば、前日の残業で疲れている日もあって、体調に波があるのが人間です。どうしてもやる気の出ないときもあるし、天気が悪くて外出が難しい日もあるでしょう。

それなのに、「絶対に1万歩」と自分を追いこむと、できなかったときに自己嫌悪に陥り、心にマイナス感情を増やすことになります。

そういう人は、「8割できれば上等」と考えることをおすすめします。

また、目標は1日単位ではなく、1週間単位でとらえて、週ごとのトータルで大きな誤差が出なければOKと考えるようにすると、ストレスをためにくくなります。

「毎日、1万歩歩く」と考えるのではなく、「1週間で、7万歩歩く」と考えるのです。そうすれば、調子のいいときに多めに歩き、忙しいときは少し減らすなど、調整できるので、達成できる可能性が高まりますし、ストレスも増えません。

自分にも、他人にも「ほどほどにできればいい」と考えられるようになると、不満やイライラを感じる時間が減っていきます。

高すぎる合格基準は、イライラを増やします。

ほどほど主義でストレスが消えていく

32

年齢のせいであきらめることをやめる

年齢を理由に、「今さら、新しいことをはじめるなんて無理」とあきらめてしまっているなら、その必要はありません。

ファッションブランド「シャネル」の創始者であるココ・シャネルが、彼女の代表作であるシャネル・スーツを発表したのは、72歳のときです。

「欽ちゃん」の愛称で知られる萩本欽一氏は、興味があった仏教について学ぶため、74歳で大学に入学しました。

すぐにやるのが無理なら、5年後、10年後にやってみたいことを書き出してみるだけでも、いいのです。

将来やりたいことを考えるだけでも、心はウキウキして、プラス感情が生まれます。

たしかに、20代の若いときをピークに体力は落ちていますし、自分の時間をつくるのも大変になってきます。

しかし、知恵や人脈や経済力など、年齢を重ねた今のほうが、若いときよりも優れていることもあるはずです。

もちろん、マラソンでオリンピックに出る、というように、現実的に考えて難しいこともあります。

しかし、ハワイのホノルルマラソンを完走することなら、誰にでも可能性があると思います。実際に、50代、60代でホノルルマラソンを完走した人もいます。

残りの人生で、今日がいちばん若いのです。

大人になってからも、将来の夢を胸に抱きながらすごすという生き方もいいものです。

年を重ねても、夢を追いかけることはできる

33 自分を受けとめてくれる友人に話してみる

「大きな失敗をして、自信がもてなくなった」

「人間関係でもめてしまって、心が苦しい」

そんなときは親しい友人に助けを求めるのもひとつの方法です。

顔を見るとホッとする、声を聞くと温もりを感じる、といった人がいるなら、それだけで「自分は恵まれている」と思っていいでしょう。

そういう人の力を借りて、気分転換することが大切です。

会うとホッとする親しい友人に「じつは落ちこんでいることがあるから、話を聞いてほしい」とお願いするのです。

直接会って話せればいちばんですが、都合がつかないときは電話で話すのが、お互いにラクだと思います。

注意してほしい点は、相手から無理やりアドバイスをもらおうとしないことです。

相手から「こうすればいいんじゃない」「この方法はどう?」と提案してくる場合は、その意見を素直に受けとればいいと思います。

しかし、「何かいい解決策はない?」とつめ寄るのは、相手に負担をかけてしまうこともあるので、やらないほうがいいでしょう。

ただ黙って「そうなんだね」「つらかったね」と話を聞いてもらえるだけで、立ち直れることもあります。

少なくとも、ひとりでモヤモヤとするよりも気分が晴れることは間違いありません。

話を聞いて共感してくれる人がいれば、自分のマイナス感情を吐き出せます。

ただ話を聞いてもらうだけでも、立ち直れることがある

34 悩みを乗り越えた「先輩」から元気をもらう

やりたいことがあったり、なりたい自分の姿をイメージしたりしても、「だけど、無理だろう」と思ってしまうことがあります。

たとえば、「留学したいけれど、お金がかかりそうだし、私の英語力では難しいだろう」というようなことです。

大きな壁に向きあうのがつらいため、見ないふりをしたり、何か行動したほうがいいとわかっていても、先延ばしにしたりしてしまう人もいます。

人に相談するのも解決策のひとつですが、家庭のことや持病のことなど、人に相談しにくいことだと、ひとりで抱えこんで悩んでしまいます。

そんな人には、「自分と同じ悩みをもっていたけれど、今は解決した人」の本を読んでみることをおすすめします。

悩んでいるときは、「この苦しみは自分にしかわからない」と思いがちですが、実際には人間の悩みの種類は、ある程度かぎられていて、同じ悩みを解決した人は世のなかにけっこう存在します。

なかには、本やブログなどで、その経験をほかの人に教えてくれている人もいます。

たとえば、貯金がなくて英語も苦手なのに、留学した人も見つかるでしょう。乗り越えられない壁だと思っていたことを、「私はこうやって乗り越えました」という先人がいるとわかるだけで、心は明るくなるものです。

先に苦しみを乗り越えた人の話を参考に、気持ちを切り替えて、自分をラクにしてあげるのです。

そして、人生の先人の経験からマネできる部分をとりいれて、実行に移していけば、無理だと思っていたことも、形になっていくと思います。

人生の先輩を探して参考にさせてもらう

35 信頼できる人から自分の長所を教えてもらう

「自分のことは好きではないけど、人間関係には恵まれていると思う」という人に、自分を好きになるためのおすすめの方法があります。

それは、まわりの人に、「私の長所って、なんだと思う?」と聞いてみることです。

自分の長所を教えてもらうなんて恥ずかしいという人は、仲間で集まったときに、「みんなで、お互いのよいところを言いあおうよ」と提案してみると、自然と長所を教えてもらえると思います。

自分に自信がない人は、なかなか自分のよいところがわかりません。

そして、短所ばかり注目して、自己嫌悪になったり、他人に申し訳ないと思ったりして、心にマイナス感情を増やしてしまいます。

その悪循環から抜け出して、心にプラス感情を増やしていくためには、意識的に、自分を好きになるきっかけを自分からつくっていくことが大切です。

「あなたの笑顔は、その場の空気を明るくする」

「優しいから、一緒にいるとホッとする」

そんなふうにほめられると、照れくさくて、「そんなことないよ」と言いたくなるかもしれません。

しかし、そこは素直に「ありがとう」と受け入れることが大切です。

自分という存在は、一生つきあう相手です。

自分を好きということは、ずっと好きな人と一緒にいることと同じです。

つまり、自分を大好きという人は、いつも心がプラス感情で満たされた状態だということになります。

ですから、幸せになりたいなら、素直に自分を好きになることが大事なのです。

大好きな友達に好かれている自分はすごい

4章

みるみる元気がでる口ぐせ

36

「明日はきっといいことある！」と言って眠る

生きていれば毎日、いろいろなことがあります。

まじめにがんばっている人ほど、悔しい思いや、理不尽な思いをすることも多いでしょう。

心にプラス感情を増やそうと努めても、マイナス感情ばかりあふれてしまうこともあると思います。

そういうときは、時間を決めて、悔しい感情や悲しい感情を思いきり味わい、そのあと、いつもより早く布団に入って寝てしまうのがいいのです。

さらにいい方法は、夜、眠りにつく前に心をポジティブにする習慣を身につける、ということです。

というのも、眠りにつく直前は脳波がアルファ波優位の状態になっているため、そのときに思ったことはストレートに心の奥底に刻みこまれるからです。

したがって、マイナスのことばかり考えながら眠りにつくと、本当によくないことが起きてしまうこともあります。

逆に、たとえイヤなことばかりが日中に起こっても、夜、眠りにつく前だけは、よいことを思えば、明日以降、ラッキーなことにめぐりあう可能性が高くなります。

そこで、今日一日がどんな日であっても、眠りにつく前に「明日はきっといいことある！」とつぶやくのです。

言霊《ことだま》という言葉もあるとおり、言葉には力があります。

眠る前に「明日はきっと、いいことある」と声に出すことで、今日の疲れや悲しみは小さくなっていきます。

そして、本当に楽しい明日を連れてきてくれるのです。

言霊の力で、ハッピーな明日を引き寄せる

37 朝起きたら、「私は私が好き」と唱える

言葉で自分に暗示をかけることで、自分を好きになる方法があります。

やり方はとてもシンプルです。

朝起きたら、すぐに「私は私が好き」と言うだけです。

「そんなこと言っても、本当は好きじゃないのだから、何の効果もないのでは？」と思う人もいると思います。

しかし、朝起きてすぐのタイミングは、頭がまだしっかりと回っていないため、言われたことを素直に受け入れやすいのです。

そして、「私は私が好き」と言うと、脳は自然と「好きな理由」を探しはじめます。

「たしかに、私はこういうところが魅力的だよなあ」

「そういえば、このあいだも、人からこういうことをほめられたなあ」と頭に浮かんできて、それが自信にもつながるのです。

やってみて1週間もすると、自分にいらだつ気持ちが減るなどの効果を実感できると思います。

そして、少しずつ自分を好きになれたら、次は朝だけでなく、日常生活で自分のいいところを見つけて、自分をほめてあげるようにします。

「おいしいごはんをつくれた。そういう私のことが好き」

「苦手な相手に、落ち着いて対応できた。今日一日、がんばった自分が好き」

そうやって、自分のことを好きになって、自分のことをほめることを習慣にしていくと、心にはプラス感情が増えていきます。

自分を好きになって自分をほめる

38 「何をほめられたら、うれしい？」と自問する

自分に自信がない人は、謙虚な人が多いようです。

そのため、「自分なんて何もよいところがない」と思っていたとしても、他人の「よいところ」を見つけるのは上手な人が意外といるのではないでしょうか。

「あの子は、ハードな職場ではたらいているのに、いつも明るくてすごいな」

「職場の先輩は、料理が上手で、毎日職場にお弁当をつくってきていて偉いな」

「彼女は、忙しいときでも、髪型やネイルなどをおしゃれにしてステキだな」

このように、「他人がうらやましい」という思いもあるため、人の「よいところ」に注目できるのです。

相手に対して「うらやましい」と思っている部分を、実際に「すごいね」「偉いね」とほめ言葉にして伝えると、喜ばれることは間違いありません。

人は誰でも、自分のことをほめられるのがうれしいものだからです。

そこで、ぜひためしてほしいのが、自分に対して「何をほめられたら、うれしい？」と問いかけてみることです。

自分を客観的に見つめるのは、とても難しいことです。

それでも、自分を他人と同じような目線で見つめてみると、自分の「よいところ」は探しやすくなるはずです。

「あなたは、いつもまわりのお世話をしてあげて、偉いと思う」

「あなたは、ムダ遣いせずに貯金をしていて偉い」

「あなたは、他人にイヤな思いをさせられても、怒らないところがいい」

もし、こんなふうにほめられたら、うれしいと思いませんか。

人は誰でも、ほめられるべき「よいところ」が必ずあります。小さなことでもいいので、自分で自分をほめてあげることが大切です。

他人をほめるように、自分のこともほめてみる

39

「お金がない」をログセにしない

「たくさんはたらいているのに、月給が少なくて貯金ができない」

「お金がないせいで、夢をあきらめないといけない」

こんなふうに、お金の悩みは人生に深くかかわってきます。

「お金がない」という不安が心にあると、希望がもてず、生活も不安定になると思います。

とはいえ、収入を増やすか、支出を減らさないかぎり、お金は増えていきません。

ここで知っておきたいのが、「パーキンソンの法則」です。

「支出は収入の額までふくらむ」という原則のことです。

その証拠として「あなたは自分の給料に満足していますか?」との質問に対し、

月給が15万円の人も、20万円の人も、30万円の人も、「給料が少ない。手取りがあと1万円多かったら生活がラクなのに」と言う人がいます。

しかし、望みどおり1万円が手に入っても、彼らはまた「手取りがあと1万円多かったらラクなのに」と言うはずです。

つまり「収入が増えたらラクになる」「収入が増えたら貯金できる」などと考えていると、目標は実現できません。

給料が増えたら、それだけ支出も増えるからです。

そこから抜け出すには、「天引き貯蓄」のように自動的にお金が貯まるシステムを使い、残ったお金で生活することが効果的です。

そして、人と比べず、そのなかで幸せを感じる暮らしを築いていけば、お金の不安は減っていくと思います。

自動的にお金が貯まる生活に

40

鏡のなかの自分に感謝の言葉を伝える

人間には、本能的に利他（人のために自分の力を使いたい）という気持ちがあるといわれます。

人に親切にすると自分もうれしくなるのは、そのためです。

そして、誰かを助けたことで、「ありがとう」と感謝されれば、さらに喜びは大きくなります。

接客業につく人にその理由を聞くと、「お客様からありがとうと言われることがうれしい」と答える人が多いのですが、それくらい、人は自分の力を誰かのために使い、感謝されたい生き物なのです。

逆に、人からお世話になったときは、どんどん「ありがとう」と感謝の気持ちを伝えると、相手に喜んでもらえます。

この性質を利用して、自分を好きになる方法があります。

それは、鏡のなかの自分に向かって、「ありがとう」と感謝の気持ちを声に出して伝えることです。

毎日、私たちはたくさんの人にお世話になっています。

しかし、いちばんお世話になっている人は誰かといえば、自分ではないでしょうか。

それなのに、自分で自分にお礼を言っている人はほとんどいません。

ですから、今日から鏡に向かって、「今日もありがとう。がんばっているね」とひと言、声をかけてあげる習慣をもつことをおすすめします。

ほかにも、一生懸命にあれこれと考えてくれている頭、24時間休まずにはたらいてくれている内臓、元気に動いてくれるおかげで外出ができる手や足などに対しても、肌を軽くさすりながら、「いつもがんばってはたらいてくれてありがとう」と伝えるといいと思います。

今日、自分に「ありがとう」と言う

41 「私はどうしたい？」と心に問いかける

不安を抱えやすい人の特徴に、「自分がどうしたいのか？」をあまり考えていない、というものがあります。

美容師のみどりさん（仮名）は、「今は社員として美容院ではたらいているけど、いつか独立したい」という夢がありました。そのことをまわりに話すと、さまざまなアドバイスをもらいました。

「女性が独立して美容院を経営するのは本当に大変だから、やめたほうがいい」

「仲間と一緒に独立して美容院をつくったらいいよ」

「いきなり独立すると失敗しやすいよ。転職して別の美容院に勤めたほうが、いい経験になるよ」

そして、いろいろな意見を聞くたびに「やっぱり独立はリスクが高いかな」と不安が大きくなっていくのです。

こうしてまわりの意見を参考にしたり、両親や友達などの親しい人からアドバイスをもらったりするのは悪いことではありません。

しかし、必要以上に気にしすぎると、自分が本当はどうしたいのかがわからなくなってしまいます。

ただ忘れてはならないのは、他人の意見がどうであれ、最終的にどうするかを決めるのは自分自身だということです。人の言葉に振り回されていたら、何もできなくなってしまいます。

ですから、不安で頭が混乱してきたら、他人の意見は一度忘れて「本当のところ、自分はどうしたいのだろう?」と問いかけてみるのです。

「私はこれがやりたい」という強い気持ちがあれば、そこに邁進《まいしん》していけばいいのです。

まわりの意見を必要以上に気にしない

42

過去の「ネガティブな言葉」を引きずらない

自分を好きになれない人のなかには、「両親から厳しく育てられた」という人がいます。

厳しい親の特徴としては、子どものよいところをほめない、小さなことでガミガミと注意する、などといわれます。

「あなたはわがままだ。言うことを聞かないから困る」

「あなたはこれといって才能もない。だから社会に出ても苦労する」

「あなたは不器用だ。何をやってもうまくいかないね」

こんなふうに言われる経験を何度も重ねるうちに、いつしか「私は価値がない人間だ」「こんな自分は誰にも愛されないだろう」と思うようになってしまうのです。

親からすれば、あえて厳しくすることが愛情だと思っていたかもしれません。

ただ、人によっては、身近な人からネガティブなことを言われつづけたら、心にマイナス感情がたまっていくことは避けられません。

とくに母親との結びつきが強い人の場合は、ずっと昔のことだとしても「母親から否定されたことが忘れられない」と引きずることもあるでしょう。

そんなときに、ぜひためしてほしいことがあります。

幼いころの自分をイメージしながら、

「母親から否定されたことが、本当につらかったんだね」

「親からなかなか認めてもらえずに、つらかったね」

と悲しみを受けとめてあげるのです。これを何度かくりかえすうちに、親から言われたネガティブな言葉に影響を受けることが少なくなっていきます。

悲しい記憶は自分で癒すことができるのです。

「つらかったね」と幼いころの自分を励ましてあげる

43

「もう若くないから」と言わない

「もう若くないから、新しいことにチャレンジするのは難しい」

「自分より若い人を見ると、うらやましくなって嫉妬心がわいてくる」

このように、自分の年齢にネガティブな気持ちをもっている人は少なくありません。

友達同士の会話でも「私なんて、あなたと違ってもう若くないから」と謙遜《けんそん》する人も多い印象があります。

大人の会話では本音と建て前があるので、相手をたてるために謙遜すること自体は悪いことではありません。

しかし、心のなかで「私も年をとってしまったな」と落ちこむようならば、その考えは見直してほしいと思います。

人間は、早い人は20歳から少しずつ老いていくそうです。「老いる」というと見た目のことだと思われがちですが、体力や記憶力、病気になったときの回復力など、総合的なものです。

とくに日本の女性は長生きで、平均寿命が87歳を超えています。

ですから、「年をとるのはつらい」と考えていたら、20歳以降、ずっとネガティブな気持ちで生きていかなくてはならなくなります。これでは、自分のことが好きになれないし、自信をもつことも難しいでしょう。

幸せに生きていきたいなら、老いることのマイナス面ばかりに目を向けるのではなく、プラスの面を見ることが大切です。

「人生経験が増えて、ものごとを深く考えて、自分らしく生きられるようになった」「収入が増えて、自分を高める投資ができるようになった」

年を重ねて得られるものを考えてみたら、前向きになれると思います。

年齢を重ねることで、幸せになることもある

44

身に起きた「いいこと」を文字にする

アメリカの牧師、ジョセフ・マーフィーの言葉に、「運のよい悪いは偶然ではなく、それは、その人が心に望んだ結果である」というものがあります。

つまり、「私は運がいい。これからももっと運がよくなっていく」と強く思えば、本当に運がよくなるということです。

「自分は運がいい」と思うための効果的な方法としては、自分の身に起きた「いいこと」を書き出す、というものがあります。

- たまたま入ったカフェで、大好きな歌手の曲が流れた
- ずっと欲しかった腕時計がセールになって、安く買えた
- フリーマーケットで洋服が売れて、臨時収入があった

・初めてつくった料理がおいしくできて、みんなが喜んでくれた
・苦手な仕事を無事にやり終えて、先輩にほめられた

探してみると、きっといくつも見つかるはずです。

何もないなら「今週も元気にすごせた」だけでも十分です。

この話をすると、「よくないことは書いたらダメですか？」「私はよくイヤなことが起きるから、それも書かないとウソのような気がします」という人がいます。

そういう場合は、最初にひとつだけ「イヤなこと」を書きます。そのあと「いいこと」を書くと、マイナス感情がプラス感情に打ち消されるので、後々まで引きずることがありません。

いいこと探しは、心にプラス感情を増やす効果があります。

この習慣をとりいれると、人生に楽しい時間が増えていくと思います。

「いいこと」を探してみたら、自分の幸運に気づく

5章

人づきあいで
疲れをためない

45 自分と他人の領域を区別する

自分以外の誰かのことで悩んだり、不安を抱えたりして、それをストレスにしてしまう人がいます。

他人のことまで心配するのは、優しい人、面倒見のいい人の長所でもありますが、やりすぎは禁物です。

困っている人、悲しんでいる人、助けを求めている人に寄り添い、力になってあげたいと考えるのは、もちろんいいことです。

しかし、なかには、他人が心配するような話ではないのに、介入して相手を変えようとしている場合もあります。

たとえば、不倫で悩んでいる友人のことを心配するケースなどがそうです。

「私の友人の話なんですが、昔はすごく純粋で不倫なんてする人じゃなかったのに、妻子ある悪い男にだまされて、ずるずるとつきあっているんです。このままでは婚期を逃してしまうんじゃないかと心配です」

わざわざ知りあいにそんな話をする人がいました。

しかし、友達はもう立派な大人です。

「私はこれから、どうしたらいいと思う？」と相談されたのではない場合、見守ることや、「私で何か、力になれることがあったら言ってね」と伝えるくらいしか、できることはありません。

人にはそれぞれ、人生で学ぶべき課題があります。不倫をしている人も、その経験を通じて、つらい目にあうかもしれませんが、それは本人が乗り越えるべき課題であり、他人がとやかく言う話ではないのです。

友人に不安や心配を感じたとき、「この問題は、本当に私が悩むべき問題だろうか」と自分に問いかけてみることが大切です。

他人の課題は放っておく

46 友達の数で自分の価値をはからない

友達がたくさんいて、いつも楽しそうに交流している人がいます。

人間関係に苦手意識がある人や、コミュニケーションに不安を抱えている人は、そういう人を見ると「友達がたくさんいていいな。それに比べて、私は友達が少なくてさびしい」とみじめな気持ちになることもあるでしょう。

たしかに、表面的には、さまざまな友人に囲まれて、ワイワイと遊んでいる人のほうが充実した人生を送っているように見えます。

しかし、別の角度から見てみると、友達が多いことが楽しいとは必ずしもいえないケースもあるようです。

たとえば、アパレルの仕事をする靖子さん（仮名）は、職業柄、芸能人の知りあいがたくさんいます。

芸能界の人たちは人脈を広げることで仕事を増やそうとする人が多いため、仕事でもプライベートでも会うたびに靖子さんにプレゼントをくれるそうです。プレゼント自体はうれしいのですが、礼儀としてお返しをしなくてはいけません。そのため、「何かお返ししなければ」というプレッシャーが靖子さんにはつねにあるといいます。それに、うわべだけのつきあいも多いので、心が疲れることもあるようです。

そもそも、友達や知りあいの多さでその人の価値が高まる、ということはないのです。ひとりが好きで、いつも単独行動だけれど、そういう自分に満足して、幸せに生きている人もいます。

人気者にならなくても、マイペースで毎日を楽しむことはできます。

友達の数が多いほうがいいという思いこみは、捨てたほうが気持ちがラクになると思います。

友達の数と幸せは関係ない

47

「嫌われたくない」という思いを手放す

人間関係に悩んで、心が疲れてしまう人は多くいますが、なかでも不安のタネになりやすいのが「嫌われたくない」という気持ちです。

幼いころから「まわりの人といつも仲よくしなさい」という教えを親や先生から受けている人が多いからです。

その教えはたしかに素晴らしいものですが、きちんと守ろうとしすぎると、何をするときでも「人から嫌われてしまうのでは？」という考えが基準になってしまい、さらに自分の心を苦しめることにつながります。

たとえば、数人の友達と「旅行に行こう」という話になったとしましょう。

「大好きな人たちなので、嫌われないようにしよう」と思っていたら、自分の意見を言うのを避けてしまうかもしれません。「ハワイに興味がある」「暖かい気候の土地でのんびりすごしたい」という気持ちがあったとしても、「もし友達と意見が違っていたら悪いな」という気持ちのほうが勝ってしまうので、口に出せないのです。

しかし、よく考えてみると、自分の意見を言うくらいで嫌われることはないのです。それでいやがられるなら、もともと友達の関係ではないのです。

もし意見が違っていたとしても、本当の友達なら「たしかに、ハワイもいいね」と共感してくれて、意見自体はきちんと受け入れてくれるはずです。

それどころか、一切意見を言わない人のほうが「本当に旅行に興味があるのかな？」という疑いの目で見られる可能性もあるでしょう。

人からの評価を気にしすぎると、心身ともに苦しくなる

人は誰でも、自分がどのように評価されているか気になるものです。

しかし、その評価を気にしすぎると、自分の言いたいことや、やってみたいことまで無意識に制限してしまうことがあります。

48.

気乗りしない誘いは断る

自分に自信がない人ほど、他人に振り回されて落ちこみがちです。

なぜなら、「自分の気持ち」よりも「他人の都合」を優先してしまう傾向が強いからです。

会社員の明子さん（仮名）は、大学時代の同級生とSNSを通じて再び連絡をとるようになり、「久しぶりに話したいから、食事に行こうよ」と誘われました。

「ここ数年、大学の友達と会う機会なんてなかったから、会ってみようかな」と思いながら、その同級生のSNSを見ていました。

すると、高額な商品を売るようなビジネスにかかわっているという書きこみをいくつか見つけたのです。

「実際に会って、売りつけられそうになったらイヤだな」「悪い人ではないけど、これ以上深くかかわらないためにも会わないほうがいいかも」と考えた明子さんは、同級生に「家庭の事情でしばらく時間がとれない」とお断りの返事をしました。

相手は「せっかくの機会なのに、少しくらい時間をつくってくれてもいいじゃない。私が近所まで行くよ」とさらに強引に誘ってきました。

恐怖を感じた明子さんは、しばらく連絡を絶つことにしたそうです。

このように、「行きたくないな」「イヤな感じがする」というときは、他人のお誘いを断ってもいいのです。

いい人間関係を築くためには、他人のお誘いを聞き入れることも大切です。しかし、気乗りがしないのに引き受けても、あとになって「やっぱりやめておけばよかった」と後悔することになるのではないでしょうか。

自分の気持ちに正直になったうえで、どうするか考えるとよいのです。

他人よりも「自分の気持ち」を優先してもいい

49 セルフイメージを書き換える

誰でも、自分に対して「私はこういう人間だ」というイメージをもっています。

それを「セルフイメージ」といいます。

セルフイメージがよいと、悩みごとや苦労があっても「自分なら乗り越えられる」と信じて前へ進むことができます。

一方で、セルフイメージがよくない人は、「私は生きている価値がない。ひとりでは何もできない人間だ」と否定的にとらえているため、新しいことへの挑戦におくびょうになります。

勇気を出して挑戦しても、うまくいかないことがあると「やっぱり自分には無理だ」とあきらめがちです。

しかし、これまでセルフイメージがよくなかった人も、心配は無用です。

セルフイメージは、ずっと固定されるものではないからです。

何歳からでも、上書きして、変えていけるのです。

これまでは自信がなかったなら、今日から毎日、「私は幸せになる価値のある人間だ」と口に出してみるといいと思います。

誰かに幸せにしてもらうのを待つよりも、自分自身で「私は幸せになれる」と宣言して現実を変えていくほうが、ずっとスピーディーですし、確実です。

このとき注意したいのは、「私は幸せになれる」と信じるとき、そこに根拠はいらない、ということです。

育った環境も、家族との関係も、学歴も、勤め先も、スタイルも、収入も、何ひとつ関係ありません。

誰にも遠慮はいりません。セルフイメージをどんどんよくして、自分を好きになってほしいと思います。

セルフイメージは、何歳からでも変えていける

50

仲よくなりたい人に思いきって声をかける

なりたい自分をイメージするなど、セルフイメージを書き換えるうちに、過去の人間関係を卒業しようと決断する場面が来るかもしれません。

たとえば、楽しく好きな仕事をしている自分をイメージしたとき、いつも悪口やウワサ話ばかりしている同僚と距離を置かないと、それは実現するのが難しいと気づいたりするからです。

機嫌が悪くなると、攻撃的な言葉でいつもケンカをしかけてくるママ友と、距離を置く人もいると思います。

幸せな家庭を築くイメージをしている人は、結婚する気がない恋人との別れを決断するかもしれません。

自立した自分をイメージした人は、ひとり暮らしをはじめるために実家を出るかもしれません。

そうなると今度は、新しい環境に出て行って、新しい人たちとつきあうことになります。緊張するでしょうし、思いどおりにいかないこともあると思います。

それでも、自分を大切にするために、そして自分を好きになるために、前に進むことを決めるのは素晴らしいことです。

新しい人たちとうまくやっていけるだろうかと、深刻に考える必要はありません。職場や趣味の集まりなどに話してみたい人がいるなら、自分から声をかけてみるといいと思います。

笑顔であいさつする、人のことを悪く言わない、まずはこのふたつを心がけるだけで、大きな失敗は防げます。

新しいセルフイメージにあった友達と、新しい関係をつくっていくと未来がひらけることがあります。

今の自分にあわせて人間関係を更新する

51 久しぶりに会いたい人を誘ってみる

学生時代の友人、昔の職場の同僚、引っ越す前に仲よくしていた近所の友達、趣味のサークル、スポーツクラブの仲間たち……。

「また、あの人に会いたいな」と思いながら、気づけばもう長いあいだ顔をあわせていない、という人が、自分のなかにいるのではないでしょうか。

会いたいのにそのままになっているなら、久しぶりに連絡をとってみるといいと思います。

世界には79億人以上の人がいます。日本人だけでも、1億2000万人以上です。

そのなかで同じ時期に同じ場所で出会っただけでも奇跡なのに、そこで親しくなる相手というのは、間違いなく、ご縁のある相手といえます。

人間関係のメンテナンスをする

人間関係は、メンテナンスをしないとだんだん疎遠になり、ずっと会わないでいると、どんどん誘いにくくなってしまいます。

それに、いつまでも、お互いに元気でいられるとはかぎりません。

会いたい人がいるなら、「来週、久しぶりに会いませんか?」と自分から誘ってみることをおすすめします。

残念ながら予定があわず、電話だけで終わってしまったとしても、気にしなくてもいいのです。

誘うことで、「私にとってあなたは大切な友人です」という気持ちを伝えれば、相手との距離はまた縮まるからです。

遠くに住んでいる友人なら、会う約束は難しいかもしれません。

そんな相手には、「久しぶりに声を聴きたくなったから電話したの」と伝えればいいと思います。

52

苦手な人を意識しすぎない

誰にでも、「この人はなんとなく苦手」「なんとなく気があわない」という人がいると思います。不安を抱えやすい人は、身近にそんな人がいると、その存在を必要以上に意識してしまう傾向があります。

美奈子さん（仮名）には、職場に苦手な先輩がいます。

先輩は社交的で能力が高いため、まわりの人からは慕われているのですが、ときどき口調が厳しいことがあるのです。

たとえば、美奈子さんが仕事でミスをしたときに、「前も同じようなミスをしたよね。もしこの仕事が苦手なら、私が代わりに担当してもいいよ」というふうに言ってきます。

相手はただ気遣ってくれただけかもしれません。

それでも美奈子さんは「この人、心のなかでは私のことをバカにしている」「上司でもないのに、上から目線でイヤな感じがする」とマイナス感情を抱いてしまうのです。

同じような状況でも、仲よしの同僚なら「たしかに前も同じようなミスをしてしまった。担当を替えてもらうのも、ひとつの方法かもしれない」と素直に受けとれるのに、この先輩が相手だと、ついネガティブに受けとめてしまうのです。

これは、人間が一度「苦手な人」と意識してしまうと、その人のマイナス面ばかりに注目するという性質があるためです。

人間にはこういう性質があると知っておいて、次に苦手な人に会ったときには、「マイナス面にとらわれないで、プラスの面を見よう」と考えるといいと思います。

苦手な人は、自分の意識次第で気にならなくなる、と心得るとよいのです。

苦手な人からは、少し心の距離を置く

53 先に、苦手な人への対処法を考えておく

古代ギリシアの哲学者として知られるソクラテスの奥さんは、悪妻で有名だったそうです。

ある日、夜遅くに帰宅したソクラテスは、いきなり奥さんに怒鳴られ、頭から水をかけられました。

そのときソクラテスは、「何をするんだ、謝れ！」とは言いませんでした。「もう離婚する。出ていけ！」と怒鳴ることもありませんでした。

では何をしたかというと、「やっぱり雷のあとは雨だ」と静かに言っただけで、一言も怒らなかったそうです。

ソクラテスには、妻と離婚する気持ちはありませんでした。注意をしても妻の性格が変わらないことも、長年の経験からわかっていました。

そのため、怒りの感情を放棄して、彼女とつきあっていたのです。

そうすることが、ふたりの関係を良好に保つためにいちばんよい方法だと決めていたのかもしれません。

このソクラテスの行動に、私たちは学べるでしょう。

ポイントは、あれこれと考えずに、「私はこの人に対して怒ることはありません」と、決めてしまうことです。

ソクラテスは別れないと決めていたため、怒りの感情を捨てましたが、縁を切っていい相手なら、思いきり怒るとか、黙って離れるという手もあります。

ポイントは、その相手とどうなりたいかを決めてから態度を決めることです。

何も決めないまま苦手な人と対面してしまうと、イライラしたり、不安が大きくなったりして、失敗することがあります。

事前にどう対処するか準備しておけば、冷静でいられると思います。

その相手と、今後どうなっていきたいかを決めておく

54

他人にも自分にも感謝する練習をする

人は、誰かに感謝しているとき、マイナスのことを考えることができません。

感謝には、大きなプラスの力があるからです。

ですから、日常生活で感謝の気持ちを感じる機会を増やしていくと、不安になる時間を減らしていけます。

経営の神様といわれた松下幸之助氏は、

「感謝の心が高まれば高まるほど、それに正比例して幸福感が高まってくる」

と言いました。これは、感謝のエネルギーが、心のなかのマイナス感情をあっという間に打ち消してしまう、ということです。

幸之助氏はどんなに自分が偉くなっても、他人に対していつも、「ありがとう」という言葉を使っていたそうです。

松下電器（現在のパナソニック）が、小さな町の工場から世界的な企業にまで成長したのは、幸之助氏の心が感謝でいっぱいであり、そのプラスのエネルギーがいいことをよび寄せたからといえるでしょう。

ためしに、他人から「ありがとう」と言われたときのことを思い出してみてください。「いいえ、どういたしまして」と照れながらも、心のなかではとてもうれしかったはずです。

心に元気がわいてくるのを実感した人もいるでしょう。逆に、自分が「ありがとう」と言ったときも、とてもいい気分になります。

週末は、心のなかで、お世話になった人や、がんばった自分自身に、「ありがとう」と感謝する時間を設けることをおすすめします。

苦手な人に対しても感謝できることを探してみると、苦手意識が小さくなると思います。

「ありがとう」と言うと、心がプラスになる

6章

自信がわいてくる習慣

55

欠点を長所に置き換える

小さな失敗をしたり、自分が予想したとおりにうまくいかないことがあったりすると、「やっぱり私はダメだな」と自己嫌悪に陥ってしまう人がいます。

こういうタイプの人は、マイナスのできごとに直面するたびに、自分の短所を引きあいにして、自分を責めてしまいます。

「私は優柔不断で、ものごとを決めるときに時間がかかってしまうから、せっかくのチャンスを逃してしまうんだ」

「私は口ベタで人見知りなので、人と仲よくするのに時間がかかってしまうから、友達が少ない」

「優柔不断だから、チャンスをつかめない。人見知りだから、友達がなかなか増えない」という具合です。

しかし、人生でまったくチャンスに恵まれなかったり、友達がいなかったりするわけではないと思います。

このように、自分の短所を極端にマイナスに考えるのは今すぐやめたほうが得策です。どんな性格であれ、見方を変えれば長所に置き換えることができます。

「優柔不断」というと、「グズグズしている」「決断が遅い」というイメージが先行してしまいます。でも、見方を変えれば「慎重」「用心深い」ととらえることもできます。

同じように、「口ベタ」「人見知り」という性格は、「物静か」「落ち着きがある」「人とじっくりつきあえる」とプラスにとらえることができます。

このように、ひとつのものごとの見方を変えて、違う意味づけをすることを、心理学で「リフレーミング」といいます。リフレーミングを活用すると、どんな短所でも長所に置き換えることができます。

欠点は別の角度から見ると長所になる

56

「学習性無力感」の日常から抜け出す

何をやってもムダ、とあきらめることを「学習性無力感」といいます。ストレスに長期間さらされると、そうした不快な状況から逃れようとすらしなくなる、といった状態のことです。

めぐみさん（仮名）は、共働きなのに家事も子育ても手伝ってくれない夫にうんざりしていました。

仕事で毎日とても疲れていたのですが、夫に何度、協力を頼んでも聞いてくれません。ケンカになるだけなので、「もう自分はこういう運命なのだ」とあきらめていました。

しかし、一度きりの自分の人生をあきらめるなんてやっぱりイヤだと思い、夫婦関係に関する本を読んだり、信頼できる人に相談したりして、いろいろと打開策を探ったのです。

すると、いろいろなヒントを得られたので、実行してみることにしました。

まずは、自動掃除機や食器洗浄機などの便利な家電を使ったり、ベビーシッターさんを利用したりしました。その結果、家事や子育ての時間が減り、ゆっくりできる時間が増えました。

すると、ストレスが減り、機嫌よくいられる時間が増えたため、夫の言動に腹が立たなくなり、夫婦仲もよくなりました。

夫を変えようとしていたころはうまくいかなかったのに、自分にできることからとりくんだことで、長年の悩みから解放されたのです。

幸せになることをあきらめる必要はありません。

粘り強く、いろいろな方法を試すうちに、今より状況はよくなります。

次はきっとうまくいく

57

「自信」に根拠を求めない

「自信をもてないのはなぜですか?」と質問されたら、どのように答えるでしょうか。

「私は美人でもなく、スタイルも悪いから、自信がもてない」
「学生時代にいじめにあって、自信がもてなくなった」
「平凡な人間で、他人に誇れる才能もないから、自信なんてもてない」

このように、答えは人それぞれだと思います。

共通点をあげるなら、「恵まれた条件や環境がないこと」を理由にして、自信がもてないと思っていることです。

しかし、現実に自分が望むような完璧な条件や環境が整うようなことは、人生では滅多にないのです。

「では、どうすれば自分に自信がもてるの？」と疑問に思うかもしれませんが、自信をもつのに根拠なんて必要がないのです。

強《し》いて言うなら、「今の不安な状況から抜け出して、幸せになる」という気持ちがあるかどうかです。

じつのところ、「自分に自信がもてない」と悩んでいる人は多いものです。今、幸せそうに見える人だって、コンプレックスや劣等感を抱えながらも、それを乗り越えてきたのです。

今でも世界中で愛されている女優、オードリー・ヘップバーンでも、自分の細すぎる体型にコンプレックスをもっていたそうです。

それでも、細身の体型にあうサブリナパンツを着ることで、自分のスタイルを確立したのです。

「みんな、同じ」と思えば、気持ちが前向きになっていくはずです。

「自信がもてない」のは珍しいことではない

58 たまには「自分との約束」を優先する

人は誰でも、自分を大切に扱ってくれる人を好きになります。

自分を大切に扱ってくれている、と感じることのひとつに「約束をしっかりと守ってくれる」ということがあります。

待ちあわせにいつも遅刻する人、ドタキャンをする人より、毎回、時間どおりに来てくれる人に好感を抱くのは、とても自然なことです。

「私自身、大切な友人のことは大事に扱っています」という人は多いと思います。


では、自分に対してはどうでしょうか？

私たちは、仕事の約束や友達との約束は、できるだけ守ろうとするものです。

しかし、自分との約束は簡単に破りがちです。

「日曜日はひとりで映画を観に行こうと楽しみにしていた。でも、友達にランチに誘われた。だから、映画はまた今度にしよう」という具合です。

自分よりも他人を優先することは、悪いことではありません。人の役に立つことで、自分自身もうれしくなる、という場合もあるからです。

しかし、つねに他人を優先して、自分との約束を後回しにしているなら、たまには自分を最優先にする日をつくることをおすすめします。

月に何度かでもいいのです。

「自分との約束を優先する日」をつくって、自分の心が喜ぶような予定を入れるのです。

すると、「今日は楽しかった」という日が増えて、心にはプラス感情が増えます。

そして、自分自身を大切にできる自分のことも、だんだんと好きになっていけるのです。

他人を優先させる生き方はほどほどに

59

平凡であることを不安に思わない

「これといった才能がないから、何をやってもうまくいかない」

「能力が低いから、一生懸命仕事をしても人の役に立てない」

このように、「才能がない」と思い悩む人は少なくありません。

こういうタイプの人は、自分の評価を低く見積もっていると思います。

しかし、視点を変えると、世のなかで特別な才能や能力がある人はごくわずか、
という考え方もできます。

映画やドラマで活躍する俳優や、高い身体能力を誇るスポーツ選手、誰もが思いつかないような商品を開発する起業家は、ほんのひと握りです。

そう考えると、世のなかの大半の人は平凡です。

才能がないからこそ、自分のわずかな特技を活かしたり、少しでも能力をアッ

プさせる工夫をしたりして、日々努力しているのです。

ですから、才能や能力がなくても、不安に思う必要などありません。

逆に、「才能がない」ことをプラスに考えてもいいのではないでしょうか。

古代中国の思想家、老子が残した言葉に、「無の以《もっ》て用を為《な》せばなり」というものがあります。

「無」とは「空っぽ」「何もない」という意味ですが、「だからこそ、さまざまなものに役に立つ」と老子は伝えています。

たとえば、プラスチック容器は、なかに何も入っていませんが、ごはんやおかずを入れて弁当箱にすることもできれば、薬や化粧品などの日用品をしまっておくこともできます。

人間も同じです。才能がなくても、むしろ才能がないからこそ、誰かの役に立てることが必ずあります。それを見つければいいのです。

「平凡な人間だからこそ、人の役に立てる」と考える

60 成果ではなく、過程をほめる

自分を好きになれない人は、たいてい自分に対して厳しい評価を下しています。

「これくらいはできると思っていたのに、ためしてみたら無理だった」

「自分が設定していた目標にはとどかなかったから、とても落ちこんだ」

「就職活動に失敗して、第1希望のところに入れなかった」

こんなふうに、何かにチャレンジしたのに思うように成果が出ないと、結果だけを見て、自分自身を否定してしまうのです。

しかし、どんなにがんばっても、思いどおりにいかないことはあります。

そのため、結果だけにこだわると、うまくいかなかったときはどっとマイナス感情を増やすことになります。

では、そうならないためにどうすればいいかというと、目標に向かう過程に注目して、「努力した自分」を認めてあげることです。

たとえば、「英検1級に合格したい」という目標があったとしましょう。しかし、試験に落ちてしまいました。

そんな状況でも、自分を認めることはできます。

「仕事が忙しくても、あきらめずに勉強をした私は偉い。去年までの私なら、ここまで努力できなかった。そう考えると成長を感じる」

「1級試験は落ちたけど、英単語をたくさん覚えた。今度、TOEICを受けてみたら、いい結果が出るかもしれない」

こんなふうに「過程」に注目し、そのなかからよい部分を見つけて、肯定することはできるはずです。結果ではなく、過程を自分でほめられるようになると、「今日も疲れているのに、ごはんをつくった私って偉い」と何気ない日常のなかで自分をほめていけるようになります。

「よくやっている」と、今の自分を励ましてあげる

61 「これまでに夢中になれたこと」を思い出す

自分を好きになるためには、プラス感情をよびもどすことが必要です。

その方法のひとつとして「日常のなかで夢中になれる時間をつくること」があります。

おすすめしたいのが、ワクワクするような趣味をもつことです。

佳菜子さん（仮名）は、イラストを描くことが趣味です。

仕事でイヤなことがあったり、友達と気まずい雰囲気になったりして落ちこんだときには、帰宅してからイラストを描くようにしています。

題材は自由です。好きな俳優の似顔絵や、印象に残った景色、花や動物などを心ゆくまで描きつづけます。1時間も熱中していると、モヤモヤしていた気持ちがかなり落ち着くのです。

こんなふうに、日常のなかで気軽にとりかかれる趣味をもつことは、ストレス発散の方法としてはとても効果が高いのです。

「自分にはこれといって夢中になれるものがない」という人は、過去をふりかえって思い出してみるとよいでしょう。

「小学生のとき水泳が好きだった」「アロマテラピーにこっていた時期がある」「昔、恋愛小説が好きだった」など、なんでもかまいません。

注意点として、過度なギャンブルやお酒、衝動買いなど、その瞬間は楽しくても終わると後悔がともなうようなものは、避けたほうがいいでしょう。

自分の好きなことに没頭する時間が、ほんのひとときでもあれば、頭のなかのマイナス感情や苦しい思いから逃れることができます。

「自分を好きになろう」と無理に思わなくても、夢中になる時間が多ければ多いほど、心のなかはプラス感情で満ちていくと思います。

趣味に没頭するだけで、自然とプラス感情が増える

62

小さなエンジンを積みこむ

アメリカの医師で詩人のオリバー・ウェンデル・ホームズは、

「この世でいちばん大事なことは、自分が『どこにいるか』ではなく、『どの方角に向かっているか』である」

という言葉を残しました。

この広い世界を、大きな湖にたとえるとします。

ある人は、エンジンのついた船に乗って、目的地に向かいます。

ある人は、小さなオールを使って、手で船を動かし、目的地に向かいます。

ある人は、エンジンのない船でオールも持たず、湖をゆらゆらと漂っています。

どれが正解というものではありません。

しかし、ひとついえるのは、より早く目的地に向かうにはエンジンつきの船を選んだほうが間違いない、ということです。

エンジンのない船でオールも持たずに湖に出たら、どこにも着かないまま、ただ時間だけがたつことでしょう。

人生では、目的や目標をもつことが、船でいうエンジンの役割を果たします。そして、プラス感情を増やすことがガソリンの代わりになります。

「このままじゃいけない気がするけど、何かをはじめるのも面倒だなあ」と思っている人と、「ガーデニングの本を借りに、来週は図書館へ行こう」と決めている人とでは、人生での経験の数も、進む距離も大きく違ってくるのです。

目標をもつと、それに向かおうとします。その努力の過程が自分の成長につながります。目標を達成すれば喜びも得られて、心にプラス感情が増えます。

小さな目標でもいいのです。たとえば来週の目標をたてることでも、きっと楽しみになると思います。

目標をたてると人生が動きだす

63 SNSの世界とは、適度に距離を置く

近年のSNS（ソーシャル・ネットワーキング・サービス）の発展は目覚ましいものがあります。

以前はパソコンに詳しい人が中心になってSNSを盛り上げていました。しかし、スマートフォンが普及しはじめてからは、年齢問わずSNSを活用する人が増えました。

SNSはとても便利なツールです。「来週食事するレストランがどんな雰囲気か知りたい」と思いたったら、メニューやお店の内装だけでなく、実際に食事をした人の感想まで探し出せます。

「趣味が同じ人と話してみたいな」と思ったら、ブログやツイッターを検索すれば、趣味のあいそうな人はすぐにでも見つけられるでしょう。

このようなメリットは大いに生かすべきですが、その一方で、SNSをしていることで精神的にストレスを抱える人も多いようです。

有美さん（仮名）は、好きなバンドのコンサートで出会った人たちと仲よくなり、その後もSNSで交流をつづけていました。

身近で同じバンドを好きな人がいないため、「好き」という価値観を分かちあえることに喜びを感じていました。

ところが、あるとき有美さんが自分の意見をSNSに書きこんだら、これまで仲よく交流していた人が「そんなこと書かないで」と批判をしてきました。

モヤモヤした気持ちが抜けなかった有美さんは、SNSから距離を置くことにしたそうです。

このように、SNSでは小さなことがきっかけで心に傷を負うことがあります。深入りしない程度に、バランスを考えながら、利用することが大切です。

SNSは楽しみにも毒にもなる

7章

人生をより楽しむために

64 「うまくいっている自分」をイメージしてみる

アメリカの牧師であるジョセフ・マーフィーは、潜在意識を活用して、人生を好転させる方法を説いた「成功哲学の元祖」とでもいうべき人です。

マーフィーは、「いいことを思えば、いいことが起こる」という非常にシンプルな成功法則を人々に説いています。

自分の人生は運や偶然が決めているのではなく、その人の脳でイメージしたことが現実になっているということです。

「そんなに簡単なら、苦労しない」と思われるかもしれません。しかし、実際に彼のアドバイスを実行した世界中の多くの人々が、天職に目覚め、健康をとりもどし、人間関係の悩みから解き放たれました。

この法則にしたがうと、「うまくいっている自分」を具体的にイメージすれば、そのとおりにうまくいくということです。

そうはいっても、これまでに成功体験が少ない人は、抵抗があるかもしれません。「イメージするだけムダ」と思う人もいると思います。しかし、イメージはムダではなく、イメージこそ、すべてのはじまりなのです。過去に何があったかは、関係ありません。今ここから、新しく自分のセルフイメージを書き換えればいいのです。

「そんな自分になれるはずがない」という思いが頭をかすめたら、「大丈夫、私は成長している。幸せに向かっている」と自分を安心させてあげるといいでしょう。

イメージするのは、ずっと先の未来でも、すぐ先の未来でも、大丈夫です。

たとえば、来週、仕事でうまくいくというような実践的なイメージをするのも、効果があります。リアルにイメージできるようになれば、現実もそれに近づくのです。

イメージからすべてがはじまる

65 週末のうち、半日は予定を入れない

私たちは誰でも、仕事や趣味、家事など、ある程度決められたスケジュールにそって生活しています。

仕事がある日だけではなく、休日も同じです。

「日曜日の午前中は掃除や洗濯をしよう。午後は友達と映画を観に行って、そのまま夕食を一緒に食べよう」

そんなふうに、きっちり時間どおりではなくても、だいたいの予定をたてて行動しているものです。

そこでぜひためしてほしいのが、週末のうち、たまには半日くらい、何の予定も入れずにすごしてみる、ということです。

その時間に何をするかは、完全に自由です。

「これをやらなければ」「週末にやっておくことがある」という義務感からの行動をやめるのです。

「何かやりたいことはないかな」とぼんやり考えて、直感でピンときたことがあれば、それを実行するのがいちばんいいと思います。その週にやり残したことがあるなら、ここで調整します。

美恵子さん（仮名）は、今週はずっと残業つづきで寝不足だったので、週末はたっぷり睡眠をとりました。もし予定を入れていたら、来週も疲れを引きずったまま、ハードな毎日を送ることになったでしょう。

週末は誘いも多いと思いますが、「ここだけは自分のための時間」と決めておいて、断ることへの罪悪感は捨てていいのです。

予定を入れない調整日をつくることで、自分の心身をメンテナンスできます。

調整日があれば、予定がずれても焦らなくてすむ

66

忙しいときこそ自分の行動を見直す

木こりのジレンマという話を紹介します。

森で、木こりが木を伐《き》っていました。しかし、斧《おの》の刃が研《と》がれていないために、木はなかなか伐れません。

そこに通りがかった旅人が、木こりにアドバイスをしました。

「斧を研いだらどうだい？」

すると、木こりはこう答えました。

「わかっちゃいるんだけど、木を伐るのに忙しくて、それどころじゃないよ」

この話は、優先順位の大切さについての教訓を示してくれています。

木こりは一度手をとめて斧の刃を研いだほうが、あとの仕事はグンとはかどるのに、面倒がってそれをせず悪戦苦闘しています。本当はどうしたほうがいいのかは、一目瞭然です。

毎日、仕事や家事や育児に追いたてられていると、目の前のことで手いっぱいで、生活をよりよく改善する方法を考える余裕がありません。

しかし、忙しい人ほど、毎日やることについて、もっといい方法はないかと考えることが必要なのです。

美和さん（仮名）は、家族が多くて毎日の食器洗いにかなりの時間と労力をとられていたのですが、食器洗浄機を買ったことで、自由時間が生まれました。

愛さん（仮名）は、夕食の買い出しに時間がかかっていたのですが、ネットスーパーを利用しはじめたところ、新たな時間ができました。

もし、いつも忙しいなら、自分の行動を見直すタイミングかもしれません。

余裕が生まれると、興味があることをはじめるなど、自分の世界を広げていけます。

よりよい方法が見つかれば、毎日がもっと楽しくなる

67

「気になること」をはじめる計画をたてる

人生を楽しくする方法のひとつに、自分が「面白そう」「やってみたい」と思うことを行動に移してみるということがあります。

「やりたいことと言われても、いまいちピンとこない」という人は、あれこれと考えるのを一度やめてみることです。

ブルース・リーの映画で有名になった言葉で、「考えるな。感じろ」というものがあります。

どういう意味かというと、頭で考えるのではなく、自分の直感にしたがって行動するほうがうまくいく、ということです。

「パソコンのスキルを上げると、仕事でも使えそうだから学校に通おうか」とか、「上司に『簿記の資格くらいもっておけ』と言われたから、資格を取ろうか」というようなはじめ方ではなく、それをはじめても何も得をしないかもしれないけど、なぜか気になることを選ぶのです。

直感というのは、その人が生まれてから今までに体験し、そこから学んだ膨大なデータを元に、「そっちは危ない予感がするから、やめたほうがいい」とか、「これはきっとチャンスだから、思いきって飛びこんでみたほうがいい」と、脳が教えてくれているサインです。

「自分の心と直感にしたがう勇気をもちなさい」

これはアップル社の共同設立者のひとり、スティーブ・ジョブズの言葉です。

これまで直感を無視して、理性で「やるべきこと」ばかりを選んで生きてきた人も多いと思います。

そんな人は、自分の心の声や勘を意識してすごしてみると、今までにない幸運に出合えるかもしれません。

直感に素直になると、チャンスに出合える

68 かなえたい夢や目標に関する写真を集める

人が外界から得る全情報の約83パーセントは、視覚から入るといわれます。

この数字を見ると、いかに目から入る情報が、私たちに大きな影響を与えているかがわかります。たしかに、どんなにいい匂いのする料理でも、見た目がよくなければ、食べる気がしません。

この性質を利用して、夢や目標をかなえやすくする方法があります。

それは、かなえたい夢や目標に関する写真を集めて、「自分の夢がかなった状態」を目からとりいれることで、心をワクワクさせ、夢に向けて行動するエネルギーにする方法です。

みずほさん（仮名）は、「1年以内にイギリス旅行に行く」という目標をたてて、イギリスの行ってみたい場所を雑誌から切り抜いて、手帳に貼りつけました。

すると、それを見るたびにワクワクして、英語の勉強もはかどるようになったそうです。

なぜ、こうするのがいいかというと、人の脳は、車でいうカーナビのような機能をもっているからです。

夢に関する写真を見ることで、心をワクワクさせると同時に、脳に「こうなりたい」「ここに行きたい」という目標を設定すると、脳は自動的にそうなるための情報を探してくれるのです。

たとえば、「ステキなバッグが欲しい」とインプットをすると、街を歩く人のバッグが急に目に入るようになったりするのは、そのためです。

週末に時間をつくって、夢ノートをつくるのもいいと思います。

いつも目に入るように、定期入れに写真を入れておくのもいいでしょう。

夢がかなった写真を見つづけると、夢がかなう

69 行ってみたい場所に、実際に行く予定をたてる

行ってみたい場所があるなら、「いつか行きたい」という思いから一歩踏み出して、具体的な計画をたててみることが必要です。

たとえば、沖縄に行きたいなら、実際にいくらかかるのか、調べてみるのです。「高いから無理」と思っていたけれど、調べてみたら「この時期なら、5万円あれば行けるんだ。意外と安い」とわかるかもしれません。

そうすれば、5万円をつくるための準備や、休暇の手配をすることで、それは夢ではなくなります。

「子どもが小さいから無理」という人は、沖縄に子ども連れで行った人の情報を集めてみれば、「意外と大丈夫そうだ」と気持ちが変わるかもしれません。

時代の変化は速いものです。5年前に高価だったものが、今は安価になってい

たり、昔は情報を集めるのが難しかったものが、今は簡単になっていたりします。ですから、数年前の意識のままで、「無理」と決めつけないで、最新の情報を集めてみることが大切です。

仕事を休めないなら、1年以内に行くことを目指すなど、余裕をもって計画をたてると、実現の可能性が高まるでしょう。

ハワイなどの海外を目指す人もいれば、隣の町にある温泉で十分という人もいると思います。正解はありません。

大切なのは、少し先に「自分で決めた予定」を入れることです。そのために、ちょっとでもいいので準備をはじめることです。

そうして、自分の手帳に楽しい予定を増やしていくと、毎日が楽しくなって、心にプラス感情が増えていきます。

未来が楽しみになる予定を手帳に書きこむ

70 自分の人生の目的地を考えてみる

一日は24時間と決まっています。それは世界中、誰にとっても同じです。それなのに、やりたいことをやっていくつも夢をかなえている人もいれば、毎日がつらい状態で、ずっとその場所にとどまっている人もいます。

その差が生まれる原因は、「その人が、どこに向かって進んでいるのか」が明確であるかないかの違いです。

ゆかりさん（仮名）は、子どもが小学校を卒業するまでは子ども中心の生活をしていました。

彼女は子どもが中学校に入ったら好きなカメラを持って、夢だった全国の神社めぐりをする、と子どもが小さいころに決めました。

子育て中心の生活をしているときも、子どもが寝ている時間を使って、全国の神社について調べたり、その内容をブログにあげたりして、やる気を維持していました。

近所のお気に入りの神社をカメラで撮影することもつづけていました。そして、子どもの中学入学を機に、まずは日帰りで行ける近場の神社めぐりからはじめたのです。

そして、次第に1泊で県外の神社にも出かけるようになり、現地でたくさんの写真を撮影しました。その写真をブログやインスタグラムにアップして、感想をもらうのが今の何よりの楽しみだそうです。

今まで行動できなかったけれど、本当はこれをやってみたいということがある人は多いのではないでしょうか。

すぐにできなくても、準備だけでもはじめておくと心がウキウキすると思います。

仕事も子育ても卒業したあとで、何をしたいか考える

71

無理のない計画をたてる

「がんばる」のが当然で、「がんばらないこと」はなまけていると考える人が多くいます。しかし、がんばらないとできないこと、というのは、よく考えてみると自分がそれほどやりたくないことだといえます。

なぜなら、好きなこと、苦にならないことなら、がんばらなくてもやれるからです。たとえば、大好きなドラマを観るのに、「がんばるぞ」と気合を入れてから観る人はいないでしょう。カラオケに夢中な人は、カラオケをがんばっているという意識はあまりないと思います。

逆に、勉強が苦手な人にとって、問題集を解いたり、暗記したりすることは、がんばらないとすぐにやめたくなってしまいます。

そういう意味で、これからやってみたいことを決めたり、目標をたてたりするときは、がんばらなくてもできることを選ぶといいと思います。

もし、自分ではコレというものが思い浮かばない場合は、自分にとっては苦にならないことなのに、人にほめられることを探してみましょう。

いずみさん（仮名）はパソコンまわりのことが好きで、職場でパソコンの操作を聞かれたとき、すぐに教えてあげることができます。お礼を言われるたびに、「こんな簡単なことでお礼を言われて申し訳ない」と思っていたのですが、そのうち、これは自分の才能なのかもしれないと思いました。

彼女は今、パソコンのインストラクターとして独立する予定で、起業の準備をしています。もともと、いつかサラリーマンを卒業したいと思っていたので、自分の得意な道を仕事にすることを選んだのです。

彼女は「仕事はがんばらなくてはいけないと思っていました。好きで苦にならないことでお金をもらってもいいんですね」とうれしそうに話していました。

がんばらなくても成長できる

72

予定をたてるときは余白を大事にする

「スケジュール帳に予定が入ってないと不安」という人がいます。

なかには、「何も予定がない」という状態に、ある種のコンプレックスを感じている人もいるようです。

予定がないことを「ヒマ」「つまらない」「人から気にかけてもらえない」「友達が少ない」などと、マイナスにとらえているのです。

しかし、「忙しい自分」でいることは本当に幸せにつながっているかというと、実際はそうでもないことも多いのです。

それほど興味のない場に、予定を埋めるためだけに顔を出すことや、会うと不快になる相手との食事を予定することには、意味がありません。

スケジュールを埋めることで失う時間やお金や体力があることも、無視してはいけないと思います。

たとえば、気乗りしないパーティに参加するか、そこに行かないで将来の夢のために勉強するか。どちらのほうが1年後に「なりたい自分」に近づくかといえば、夢のために行動するほうだと思います。

人生を変えたいなら、この先の人生では、本当にやりたいことだけに予定をしぼることが大切です。

具体的には、仕事以外のイヤなことはしないと決めて、スケジュールに余白をたっぷりとっておくのです。

そうすれば、本当にやりたい用事が入ったときに、すぐにはじめることができ、会いたい人から誘われたときにも、すぐに「ＯＫ」と返事ができます。

すると、一つひとつの行動が自分の成長につながって、毎日の充実度が増していきます。

大事な用事のために、予定を空けておく

73

大事な用事は、数日前までに準備しておく

「段取り八分」という格言があります。ものごとは段取り、つまり準備がしっかりできていれば8割がた終わったも同然、という意味です。

ですから、週末は翌週の予定を確認して、事前にどんな1週間になりそうかを、頭のなかでシミュレーションしてみることが大切です。

慣れないことや、緊張するような仕事や用事が入っているときは、とくにこのシミュレーションが効果を発揮します。

シミュレーションをすると、不安な点があれば調べておいて、わからないことがあれば誰かに相談するなど、事前に対策をとれるからです。

- 電車の時間を調べておく

- 地図を印刷しておく
- 携帯電話の充電が途中で切れないようにしておく
- 必要なら手土産を買っておく
- 名刺や資料などをカバンに入れておく

こんなふうに、事前にできることは早めにやっておくことです。

「そんなことはいつものことだから、直前でも大丈夫」という油断は禁物です。簡単なことも、忙しいとつい忘れることがありますし、ひとつ想定外のことが起きると、焦ってふだんはやらないミスを招きやすくなります。

今まで、いつも直前に準備していた人は、数日前までに用意しておくクセをつけるようにすると、いろいろなことに落ち着いてとりくめるようになると思います。

落ち着いてとりくめる

74 事前のイメージングで成功をよびこむ

スポーツ選手は走ったり筋トレをしたり練習試合をしたりして体を鍛え、技術を上げることと同じくらい、「イメージトレーニング」の時間を大切にしています。

フィギュアスケートの羽生結弦《はにゅうゆづる》選手は、ソチオリンピックに参加したとき、日本からソチへの10時間以上かかる飛行機のなかで、4回転ジャンプのイメージトレーニングをくりかえしていたそうです。

そして本番では見事に4回転ジャンプを成功させ、目標だった金メダルを手にしました。

なぜ、そんなことができるのでしょうか。

それは、脳が「本当に経験したこと」と、「頭のなかでリアルにイメージした想像上の経験」を区別するのが苦手なので、想像上で成功しただけでも、本当に成功したのと同じような自信や安心感が得られるためといわれます。

スポーツに限らず、予定していることを頭のなかでリアルにイメージして、「うまくいった自分」を想像することは、現実にいい影響を与えます。

たとえば、人前で何かを発表する機会があって緊張しているなら、イメージトレーニングが有効です。事前に脳内で本番の様子をイメージしながら、人前での発表がうまくいって、ホッとしているところまでを感じてみるのです。それをくりかえせば、本番での緊張を防げるはずです。

そんなふうに、未来を先どりするイメージトレーニングの習慣をもつと、リラックスしてすごせます。

何事もうまくいく、というイメージングが、ハッピーな未来を引き寄せるのです。

イメージングで来週のリハーサルをすませておく

※本書は2019年12月に海竜社から刊行された『あなたを取り戻す3日間　小さな休みでできるリセット』を文庫化にあたって改題し、再編集したものです。

STAFF
カバーイラスト　村人 - stock.adobe.com
本文デザイン　浦郷和美
本文DTP　森の印刷屋

青春文庫

お茶《ちゃ》の時間《じかん》の1日《にち》1話《わ》
心《こころ》のひと休《やす》み

2022年 9 月20日　第1刷

著　者　植西《うえにし》　聰《あきら》

発行者　小澤源太郎

責任編集　株式会社プライム涌光

発行所　株式会社青春出版社

〒162-0056　東京都新宿区若松町 12-1
電話 03-3203-2850（編集部）
03-3207-1916（営業部）
振替番号　00190-7-98602

印刷／中央精版印刷
製本／フォーネット社
ISBN 978-4-413-29811-7

ほんとうのあなたに出逢う ◆ 青春文庫

あなたの評価をガラリと変える！
「ことば」の1秒クイズ
漢字、カタカナ語、敬語などの間違いやすい言葉を「クイズ形式」で紹介。「日本語を正しく使う力」の総チェックに！
話題の達人倶楽部［編］
(SE-807)

地形で解く すごい日本列島
日本の大きな川はどうして東日本に集中してるの？……地図が、旅が、街歩きがグンと楽しくなる！
おもしろ地理学会［編］
(SE-808)

「水中遺跡」消えた日本史を追え！
この発見が、真実の扉を開く。三方五湖で見つかった二つのタイムカプセルほか、時をこえた歴史探査の旅へ。
「遺された歴史」取材班［編］
(SE-809)

【1日1分 中村天風】人生のすべてをつくる思考
どんなときでも、〝思い通り〟に生きられる91のヒント
100年以上も、成功者たちが学び続けてきた、思想家「中村天風」の不変の真理を、〝潜在意識〟の視点で解説する。
井上裕之
(SE-810)